그림으로 보는 그리스 로마 신화 ①

어린이 처음 인문학

그림으로 보는 그리스 로마 신화 １

개정판 1쇄 발행 2022년 3월 10일
개정판 7쇄 발행 2024년 9월 30일

글 스카이엠 | **그림** 일러스툰

발행인 오형석
편집장 이미현 | **편집** 정은혜 | **디자인** 이희승
발행처 (주)계림북스
신고번호 제2012-000204호 | **등록일자** 2000년 5월 22일
주소 서울시 마포구 창전로 74 여촌빌딩 3층
대표전화 (02)7079-900 | **팩스** (02)7079-956
도서문의 (02)7079-913
홈페이지 www.kyelimbook.com

ⓒ 계림북스, 2022
이 책에 실린 글과 그림, 사진의 무단 전재나 복제를 금합니다.

ISBN 978-89-533-3446-5 74800 | 978-89-533-3445-8(세트)

그림으로 보는 그리스 로마 신화

어린이 처음 인문학

글 스카이엠 | 그림 일러스툰

계림북스
kyelimbooks

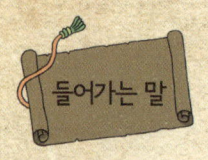
들어가는 말

세상과 함께 태어나
지금도 살아 숨 쉬는 이야기

여러분은 신을 믿나요? 사람의 힘으로 해결하지 못하는 문제가 생겼을 때, 우리는 신에게 매달립니다. 오랜 옛날부터 사람들은 신에게 의지하며 살아왔지요.

지금처럼 과학이 발달하지 않았던 시절, 세상은 두려움으로 가득했어요. 파도가 덮치고, 화산이 폭발하고, 번개가 내리치는 모습이 얼마나 무서웠을까요?

사람들은 지혜와 상상력으로 무시무시한 공포를 이겨 냈어요. 번개를 던지는 제우스, 파도를 일으키는 포세이돈, 인간을 위해 불을 훔친 프로메테우스를 상상하며 온갖 두려움을 떨쳤지요.

'그리스 로마 신화'는 전 세계적으로 널리 알려진 이야기예요. 철학, 역사, 예술 등 모든 학문의 뿌리이기에 세상을 이해하는 데 큰 도움이 되지요.

　그래서 신화는 케케묵은 옛날이야기가 아니라, 살아 숨 쉬는 지금 이 순간의 이야기랍니다.

　인간을 꼭 닮은 신의 모습은 우리에게 많은 것을 가르쳐 줍니다. 서로의 마음을 이해하며 세상을 살아갈 특별한 힘을 주지요. 특히, 사람에 대해 고민하고 더 나은 삶으로 향하는 '인문학'을 배울 수 있어요. 고대 로마의 철학자 키케로는 "인문학은 삶을 풍요롭게 하고, 마음에 평화를 가져다 준다."라고 말했어요.

　신화 속 매력 넘치는 개성 만점 신들을 만나면, 사람과 세상을 사랑하는 마음이 절로 생겨날 거예요. 지금부터 신들의 이야기 속으로 여행을 떠나 볼까요?

스카이엠

태초의 신들

- **세상이 시작되었어요** ················ 12
  - 세상이 뒤죽박죽
  - 세상의 질서를 세웠어요
  - 어둠과 밤, 그리고 지옥이 생겼어요

신화 배움터 그리스 인들이 상상한 세상 ········ 18

- **드넓은 땅의 여신, 가이아** ················ 20
  - 가이아 여신이 태어났어요
  - 하늘, 바다, 산의 신을 만들었어요
  - 가이아와 우라노스가 힘을 합했어요

- **푸르른 하늘의 신, 우라노스** ················ 26
  - 위풍당당! 맨 처음 왕이 되었어요
  - 외눈박이 삼 형제가 태어났어요
  - 지옥으로 떨어진 외눈박이 삼 형제

- **드넓은 바다를 지키는 폰토스** ················ 32
  - 바다의 신과 땅의 신이 만났어요
  - 폰토스의 수많은 후손들
  - 바다를 지배하는 신들

- **어둠과 밤, 죽음의 신들** ················ 38
  - 엄마와 딸이 낮과 밤을 지배해요
  - 사람의 운명을 결정하는 세 자매
  - 타나토스는 죽음의 신이에요

신화 배움터 세상 모든 것에 신이 있어요 ········ 44

신화 놀이터 신화 색칠하기 ················ 46

티탄의 시대

- **티탄의 왕, 크로노스** ······················ 50
  - 왕이 되고 싶은 막내
  - 크로노스가 아버지를 물리쳤어요
  - 어머니와의 약속을 어긴 크로노스
  - 꿀꺽! 자식들을 삼켰어요

- 신화 배움터 **신의 이름에는 뜻이 있어요** ······· 58

- **우라노스 피에서 태어난 신들** ············· 60
  - 복수의 여신 에리니스와 요정 멜리아데스
  - 거인 괴물, 기간테스
  - 눈부시게 아름다운 아프로디테

- **티탄의 열두 남매** ························ 66
  - 남자 신들, 티타네스
  - 여자 신들, 티타니데스
  - 슬픔과 고통이 없는 황금시대

- 신화 배움터 **인간의 다섯 시대** ············· 72

- **하늘을 들어라! 천하장사 아틀라스** ······· 74
  - 아틀라스의 가족
  - 하늘을 떠받치는 벌을 받았어요
  - 헤라클레스 대신 황금 사과를 딴 아틀라스
  - 커다란 산맥이 되었어요

- 신화 놀이터 **보드게임 하기** ·············· 82

신들의 왕, 제우스

- 올림포스 시대를 열다 ········· 86
  - 아버지를 피해 숲속에서 자랐어요
  - 형제들을 구해 냈어요
  - 티탄 신들과 전쟁을 했어요
  - 기간테스와 전쟁을 했어요
  - 제우스가 왕이 되었어요

신화 배움터 제우스가 만든 배꼽 ········· 96

- 모든 것을 다스리는 제우스 ········· 98
  - 제우스의 무기는 '번개', 동물은 '독수리'
  - 올림포스 신들에게 할 일을 주었어요
  - 신과 사람을 지배했어요

신화 배움터 그리스 로마 신화를 그린 명화 ········· 104

- 제우스는 변신의 왕 ········· 106
  - 제우스의 별명이 바람둥이인 이유
  - 백조로 변신한 제우스
  - 흰 소로 변신해 에우로페를 만났어요
  - 황금색 빗물이 되어

- 제우스와 빛나는 별 ········· 114
  - 은혜를 갚은 제우스
  - 제우스의 종이 된 가니메데스
  - 별이 된 신들의 왕

신화 놀이터 다른 그림 찾기 ········· 120

제우스의 형제들

- 으스스한 저승의 신, 하데스 ········· 124
  - 죽음의 세계를 다스려요
  - 하데스의 재판
  - 페르세포네를 데리고 갔어요

신화 배움터 스틱스 강 맹세를 지키지 않으면 ········· 130

신들의 왕비, 헤라

- 풍성한 곡식의 여신, 데메테르 ·········· 132
  - 곡식과 풍요로움의 신
  - 데메테르가 땅을 돌보지 않았어요
  - 내 딸을 돌려주세요!
  - 농사짓는 법을 가르쳤어요

신화 배움터 신도 벌을 받나요? ·········· 140

- 성난 바다를 지배하는 포세이돈 ·········· 142
  - 삼지창으로 비, 바람, 구름을 다스려요
  - 포세이돈의 가족들
  - 포세이돈이 아테나한테 졌어요
  - 페가수스가 된 메두사

- 따스한 가정의 신, 헤스티아 ·········· 150
  - 그리스 인들이 가장 사랑한 여신
  - 평생 결혼하지 않겠어요
  - 헤스티아의 희생

신화 배움터 헤스티아와 베스타 ·········· 156

신화 놀이터 낱말 찾기 ·········· 158

- 신성한 결혼의 여신 ·········· 162
  - 헤라의 또 다른 이름
  - 헤라가 신들의 왕비가 되었어요
  - 올림포스 왕비의 생활

- 나는 질투의 여신이다 ·········· 168
  - 곰으로 변한 칼리스토
  - 불에 타 버린 세멜레
  - 섬에서 아기를 낳은 레토

- 헤라의 골칫거리, 헤라클레스 ·········· 174
  - 뱀을 잡은 용감한 아기
  - 헤라의 끔찍한 저주
  - 헤라클레스의 열두 가지 과제
  - 마침내 신이 되었어요

신화 배움터 헤시오도스가 쓴 《신들의 계보》 ···· 181

신화 놀이터 숨은 그림 찾기 ·········· 182

신화 놀이터 정답 ·········· 184

《부록》 신화 캐릭터 카드

우주의 시계를 거꾸로 되돌려 볼까요?
지구가 태어나기 전, 텅 빈 세상엔 아무것도
없었어요. 그저 어지러운 혼란만 가득했지요.
그러다 긴 침묵을 깨고, **마침내 대지의 여신이 눈을 떴어요.**
대지의 여신은 하늘의 신과 결혼해 수많은 아이들을 낳았고,
드디어 세상은 조금씩 제 모양을 갖추기 시작했답니다.
세상보다 먼저 태어난 신들의 신비로운 이야기를 들어 보세요.

태초의 신들

세상이 시작되었어요

세상이 뒤죽박죽

까마득히 먼 옛날, 세상이 생겨나기 전의 이야기예요.
그때는 지금 이 세상과 전혀 다른 모습이었어요.
어떤 형태도 없었지요. 그저 어마어마하게 거대한
덩어리였어요. 멋대로 빚어 놓은 찰흙 같을 뿐이었지요.
이러한 상태를 '카오스'라고 해요.

태초의 신들

카오스에는 아침의 햇빛은커녕 밤의 어둠도 없었어요. 땅과 바다는 한데 뒤섞여 있었고요. 어지러운 가운데 더러운 공기까지 섞여 있었어요. 그래서 사람은 물론이고 신도 살 수가 없었어요. 그런데 카오스에는 여러 씨앗들이 잠들어 있었답니다. 그 씨앗들은 세상을 만들 재료였어요.

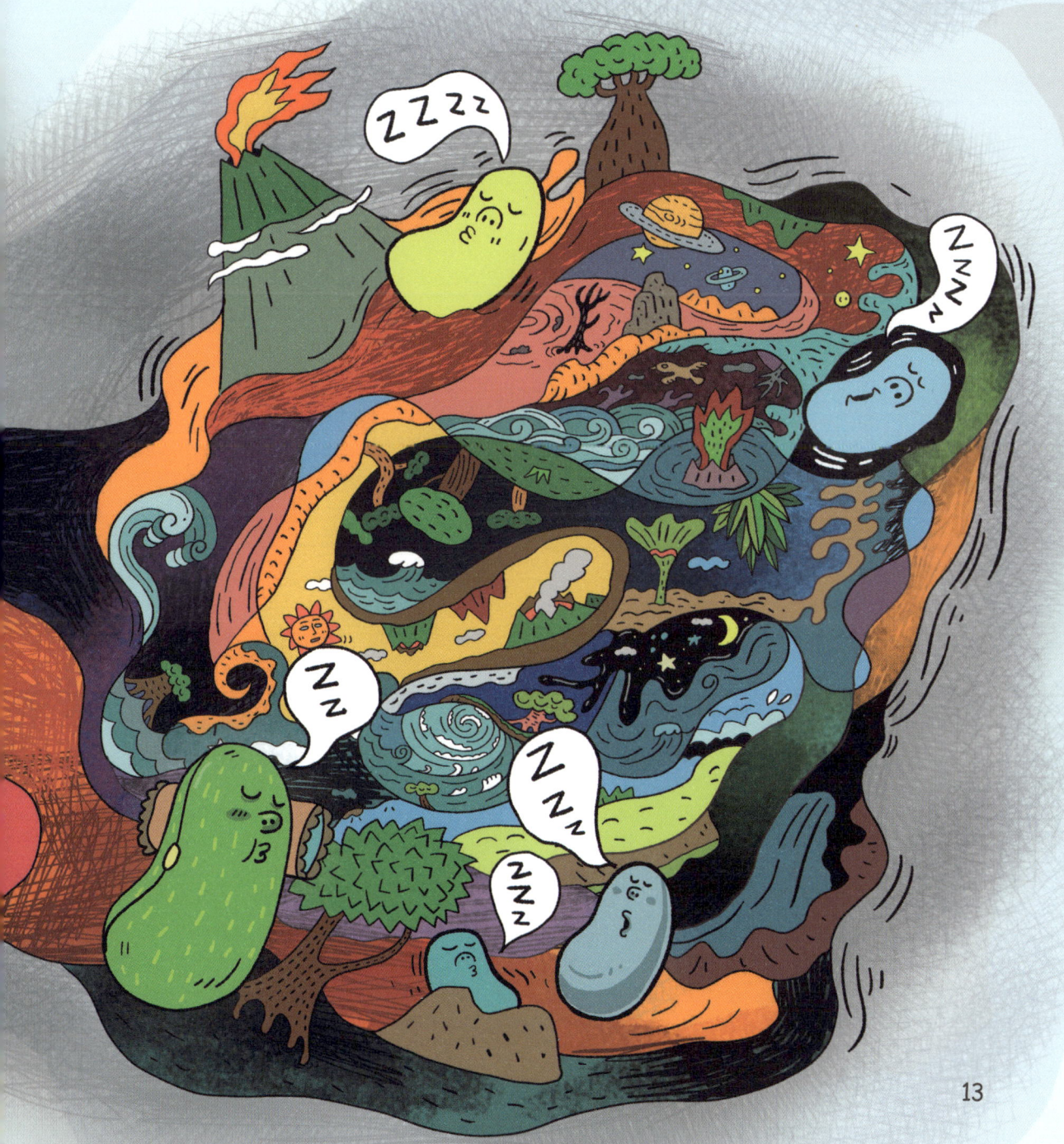

세상의 질서를 세웠어요

그 길고 긴 혼란도 서서히 끝나고 있었어요.

대자연의 신이 카오스를 하나둘 정리하기 시작했거든요.

대자연의 신은 카오스 덩어리를 땅, 바다, 하늘로 나누었어요.

태초의 신들

눈부신 태양이 떠올라 세상을 밝게 비췄어요. 땅에는 맑고 깨끗한 공기가 가득했고요. 바람이 불 때마다 바다에 파도가 넘실댔지요. 바다에는 물고기가 헤엄치고, 숲에는 동물들이 뛰어다녔어요. 새들은 하늘을 마음껏 날았지요. 마침내 지금 우리가 살고 있는 세상과 비슷해졌어요.

어둠과 밤, 그리고 지옥이 생겼어요

세상이 제 모습을 갖추자, 카오스 속에 숨어 있던 씨앗들이 깨어났어요.
그 씨앗 하나하나가 세상을 만들 재료이자 세상을 다스릴 신이었지요.
씨앗 하나가 밤의 여신 닉스로, 또 다른 씨앗이 어둠을 다스리는
에레보스로 태어났어요. 밤의 여신 닉스와 어둠의 신 에레보스는
결혼하여 많은 신을 낳았답니다.
무서운 지옥도 생겨났어요. 죄를 지은 신이나, 신의 뜻을 어긴 자들을
가두는 곳이에요. 지옥은 땅속에 있었는데 그 깊이를 헤아릴 수가
없었어요. 그 속에 떨어지면 일 년이 걸려도 바닥에 닿지 못할 정도였지요.
이 끔찍한 지옥은 이곳을 다스리는 신의 이름인 '타르타로스'라고 해요.
신들조차 타르타로스가 무서워 벌벌 떨었어요.

그리스 인들이 상상한 세상

아주 먼 옛날, 그리스 인들은 세상의 진짜 모습을 알지 못했어요.
지구가 둥글다는 사실도 몰랐고, 바다도 지중해와 흑해만 있다고 생각했지요.
다른 민족들에 대해서도 전혀 몰랐어요. 세상에 자신들만 있는 줄 알았지요.
현실 세계와 아주 다른 상상 속에서 살았던 거예요.
그리스 인들은 '세상은 어떤 모습일까?' 늘 궁금해하며 상상의 세계로
빠져들었어요. 또 '세상은 원반처럼 평평하고 넓적한 모양일 거야.
그리고 한가운데에 우리 그리스가 있겠지?' 하고 생각했어요.

그리스 인들은 이 세상뿐 아니라 영혼의 세계에도 관심이 많았어요. 지구 끝에 '엘리시온 들판'이 있다고 생각했어요. 엘리시온은 '행복이 가득한 낙원'이라는 뜻이에요. 그리스 인들이 상상한 엘리시온 들판에는 항상 깨끗한 물이 흘렀어요. 붉은 장미가 우거지고 향나무가 그늘을 드리운 가운데 황금 과일들이 주렁주렁 달려 있었지요.
"마음 착한 사람이나 영웅이 죽으면 엘리시온 들판으로 가지."
그리스 인들은 이렇게 믿었답니다.

드넓은 땅의 여신, 가이아

가이아 여신이 태어났어요

드넓게 펼쳐진 땅 위에 생명들이 앞다투어 태어났어요. 나무와 꽃이 우거지고, 달콤한 열매와 곡식이 자라났지요. 기름지고 아름다운 땅에서 한 여신이 눈을 떴어요. 여신은 누구의 도움도 없이 스스로 태어났어요.

가이아의 모습을 새긴 대리석

태초의 신들

그 여신의 이름은 가이아예요.
가이아는 땅을 다스리기 위해 태어난 최초의 신이지요.
가이아가 태어난 뒤, 세상은 더욱 풍요로워졌어요.
그래서 가이아를 '대지의 어머니', 또는 '만물의 어머니'라고 불러요.
가이아는 마음씨가 따뜻하고 너그러웠어요.
'어머니'라는 이름에 딱 맞는 성격이었지요.

하늘, 바다, 산의 신을 만들었어요

가이아는 무척이나 외롭고 쓸쓸했어요.
아무리 둘러봐도 주변에 아무도 없었거든요. 게다가 세상은
혼자 다스리기에 너무 넓었어요. 그래서 자신과 함께 지내면서
도와줄 친구가 필요했어요. 가이아는 다른 신을
만들어야겠다고 결심했어요.

혼자 다스리기에
세상은 너무 넓어.

또
만드시게요?

태초의 신들

가이아는 우뚝 솟은 산맥을 바라보다가, 산을 다스리는 신 오레를
만들었어요. 그다음 푸른 바다를 다스리는 폰토스, 저 높은 하늘을 다스릴
우라노스도 만들었지요. 하지만 가이아가 보기에 신은 여전히 부족했어요.

가이아와 우라노스가 힘을 합했어요

가이아는 더 많은 신들을 낳기 위해 결혼을 했어요.

가이아는 자신이 만든 신 중에서 하늘의 신, 우라노스와

결혼을 했어요. 하늘(우라노스)과 땅(가이아)이 하나가 된 거예요.

가이아와 우라노스는 힘을 합해 아이들을 많이 낳았어요.

태초의 신들

가이아와 우라노스는 처음에 열두 명을 낳았어요. 딸 여섯과 아들 여섯이었어요. 그들을 '티탄'이라고 해요. 덩치가 크고 힘이 세서 '거인족'이라고도 불러요. 티탄 아이들은 쑥쑥 자라나 어른이 되어 결혼을 했고, 또 다른 신들을 낳았어요. 그렇게 태어난 신들이 온 세상에 널리 퍼져 나갔어요.

푸르른 하늘의 신, 우라노스

위풍당당! 맨 처음 왕이 되었어요

우라노스는 하늘을 다스리는 신이에요. 해, 달, 별, 비와 바람 등 하늘의 모든 것을 지배하는 우라노스를 이길 자는 아무도 없었지요. 우라노스는 세상의 수많은 신 중에 힘이 가장 셌어요. 그리하여 모든 신을 다스리는 맨 처음 왕이 되었지요.

우라노스는 아내 가이아를 무척 아끼고 사랑했어요. 하늘과 땅이
늘 함께하듯이, 가이아와 우라노스도 언제나 같이 살았지요.
우라노스는 가이아가 아이를 낳을 때마다 기쁨의 비를 내리게 했어요.
비는 땅속으로 깊이 스며들어 또 다른 생명이 자라도록 했어요.

외눈박이 삼 형제가 태어났어요

그러던 어느 날, 놀라운 일이 벌어졌어요. 우라노스와 가이아 사이에서 엉뚱한 아이들이 태어난 거예요. 바로 키클롭스 삼 형제예요.

키클롭스란 '동그란 눈'이라는 뜻이에요. 키클롭스 삼 형제는 생김새가 너무 징그럽고 무서웠어요. 하늘을 찌를 듯 커다란 키에, 이마 한가운데 눈이 딱 하나만 박혀 있거든요. 그래서 그들을 외눈박이 삼 형제라고 불러요.

외눈박이 삼 형제는 동굴에서 자랐어요. 섬에서 나는 풀과
양젖을 먹으며 양치기로 살아갔지요. 얼굴은 비록 징그러웠지만
각자 재주가 있었어요. 첫째 브론테스는 요란한 천둥을 일으켰고,
둘째 스테로페스는 번쩍이는 번개를 만들어 냈어요.
셋째 아르게스는 항상 밝은 빛을 뿜었답니다.

지옥으로 떨어진 외눈박이 삼 형제

외눈박이 삼 형제는 성격이 무척 난폭했어요. 티탄 열두 남매를 못살게 굴고
괴롭히기 일쑤였지요. 장난도 심했어요. 커다란 바위를 던지며 놀아서
땅이 모두 갈라질 정도였어요. 산과 산 사이를 쿵쿵 뛰어다니는 바람에
화산은 폭발했고요. 세상은 삼 형제 때문에 엉망진창이 되었어요.
그 모습을 지켜보던 우라노스는 더 이상 참을 수가 없었어요.
그는 삼 형제를 땅속 가장 깊은 곳에 있는 지옥 타르타로스로 보냈어요.
그곳은 한 번 갇히면 영원히 빠져나올 수 없는 곳이었어요.
가이아는 자식들이 땅속에 갇히자 깊은 슬픔에 빠졌어요.

태초의 신들

31

드넓은 바다를 지키는 폰토스

바다의 신과 땅의 신이 만났어요

폰토스는 바다를 다스린 최초의 신이에요.
폰토스는 그리스 어로 '바다'라는 뜻이에요. '흑해'를 가리키는
말이기도 해요. 폰토스는 우라노스와 달리 권력에는 관심이 없었어요.
권력을 가지는 것보다 바다에서 수영할 때가 가장 행복했지요.
그러다가 땅의 여신 가이아와 결혼했어요. 가이아가 자식들을 가둔
우라노스와 헤어져 외로워하고 있었거든요.

태초의 신들

폰토스는 다른 신은 쳐다보지 않고 오직 가이아만 사랑했어요.
폰토스와 가이아는 수많은 아이들을 낳았어요. 바다의 무서움을 뜻하는
거인이나 괴물 아이들도 낳고, 지혜롭고 착한 아이들도 낳았어요.
다양한 재주와 능력을 가진 아이들이 많았답니다.

폰토스의 수많은 후손들

폰토스의 아이들 역시 아버지를 따라 바닷가에서 살았어요. 맏아들 네레우스는 티탄이자 대양의 신인 오케아노스의 딸 도리스와 결혼해서 딸을 백 명이나 낳았어요. 이들을 네레이데스라고 해요. 딸들은 바다를 지키는 일에 온 힘을 쏟았어요. 딸들 중 암피트리테는 훗날 바다의 신 포세이돈의 아내가 되었지요.

태초의 신들

폰토스의 맏딸인 케토는 바다의 신 포르키스와 결혼했는데, 그만 끔찍한 괴물들이 태어났어요. 머리카락이 하얗고 눈과 이가 딱 하나밖에 없는 그라이아이 세 자매가 태어난 거예요. 괴물들은 뒤이어 계속 태어났고 하나둘 세상을 향해 나아갔어요.

바다를 지배하는 신들

고대 그리스 사람들은 '평평한 지구가 바다에 둘러싸여 있다.'라고 생각했어요. 바다를 위대하다고 여기며 늘 우러러 보았지요. 티탄 신 오케아노스*와 테티스도 바다를 다스리는 신이에요. 오케아노스에게는 바다와 강과 시내, 샘을 지키는 수천 명의 자식들이 있었어요.

★**오케아노스** 이 이름에서 오션(ocean, 대양)이라는 단어가 나왔어요.

태초의 신들

또 다른 바다의 신 폰토스의 아들 네레우스와 아내 도리스는 '네레이데스'라는 바다 요정들을 낳았어요. 그들은 선원들에게 바닷길을 안내하며 앞으로 일어날 일들을 말해 주었어요. 레우코테아라는 바다의 여신도 있어요. 원래는 '이노'라는 공주였는데 바다에 빠져 죽자 신들이 바다의 여신으로 만들어 주었지요. 그의 아들 팔라이몬도 신이 되었어요. 팔라이몬은 돌고래를 타고 다니며 항구와 해안을 지배했어요. 레우코테아와 팔라이몬은 바다에서 길을 잃거나 부서진 배를 구해 준 덕분에 선원들에게 존경을 받았어요.

돌고래 운전은 내가 최고!

팔라이몬

어둠과 밤, 죽음의 신들

엄마와 딸이 낮과 밤을 지배해요

밤의 여신 닉스는 밤하늘처럼 새까만 날개를 가진 여신이에요. 닉스는 어둠의 신 에레보스와 결혼을 했어요. 그들은 얼마 뒤 날씨의 신 아이테르, 죽음의 신 타나토스, 잠의 신 힙노스를 낳았지요. 이 둘 사이에서는 나쁜 신들도 태어났어요. 싸움과 불화의 여신 에리스, 복수의 여신 네메시스처럼 말이에요.

태초의 신들

닉스의 딸 헤메라는 낮을 다스리는 여신이에요.
밤을 다스리는 엄마와 정반대지요. 밤이 되어 닉스가 밤을 지배하면,
낮의 신인 헤메라는 한 발자국도 나갈 수 없었어요.
낮이 되어 헤메라가 밖으로 나가면, 닉스 역시 숨어 지내야 했지요.
엄마와 딸은 낮과 밤이 바뀌는 순간에만 잠깐 만날 수 있었답니다.

사람의 운명을 결정하는 세 자매

'운명'이란 이미 정해져 있는 삶이에요. 닉스의 세 딸, '모이라이'는 사람과 신의 운명을 다스리는 신이에요. 첫째는 클로토(베를 짜는 여신), 둘째는 라케시스(나누어 주는 여신), 막내는 아트로포스(거역할 수 없는 여신)예요. 모이라이 여신들은 사람이 태어나서 죽을 때까지 모든 것을 감시했어요.

세 여신은 사람의 운명을 실로 결정했어요. 그들은 커다란 실타래와 가위를 들고 다녔어요. 사람이 태어나면 그때부터 실타래가 빙글빙글 돌아가기 시작하는 거예요. 그러다가 큰 가위로 실을 싹둑 자르면 생명도 끝나지요. 아무도 모이라이가 하는 일에 간섭하거나 감히 따질 수 없었어요. 모두 운명으로 알고 받아들였어요.

타나토스는 죽음의 신이에요

밤의 여신 닉스와 어둠의 신 에레보스에게는 타나토스라는 아들이 있었어요. 그 이름은 '죽음'을 뜻해요.
죽음의 신 타나토스는 단단한 철 심장과 강한 마음을 지니고 있었어요. 사람들의 죽음을 매일같이 지켜보아야 하니, 여리고 부드러울 수는 없었지요.
타나토스에게는 쌍둥이 형제가 있었어요. 형제의 이름은 힙노스예요. 운명의 세 여신이 실을 끊어 사람의 목숨이 다하면, 힙노스와 타나토스가 나타나 그 영혼을 데려갔어요. 힙노스와 타나토스는 두 날개를 펼쳐 인간의 영혼을 재빠르게 옮겼어요.

태초의 신들

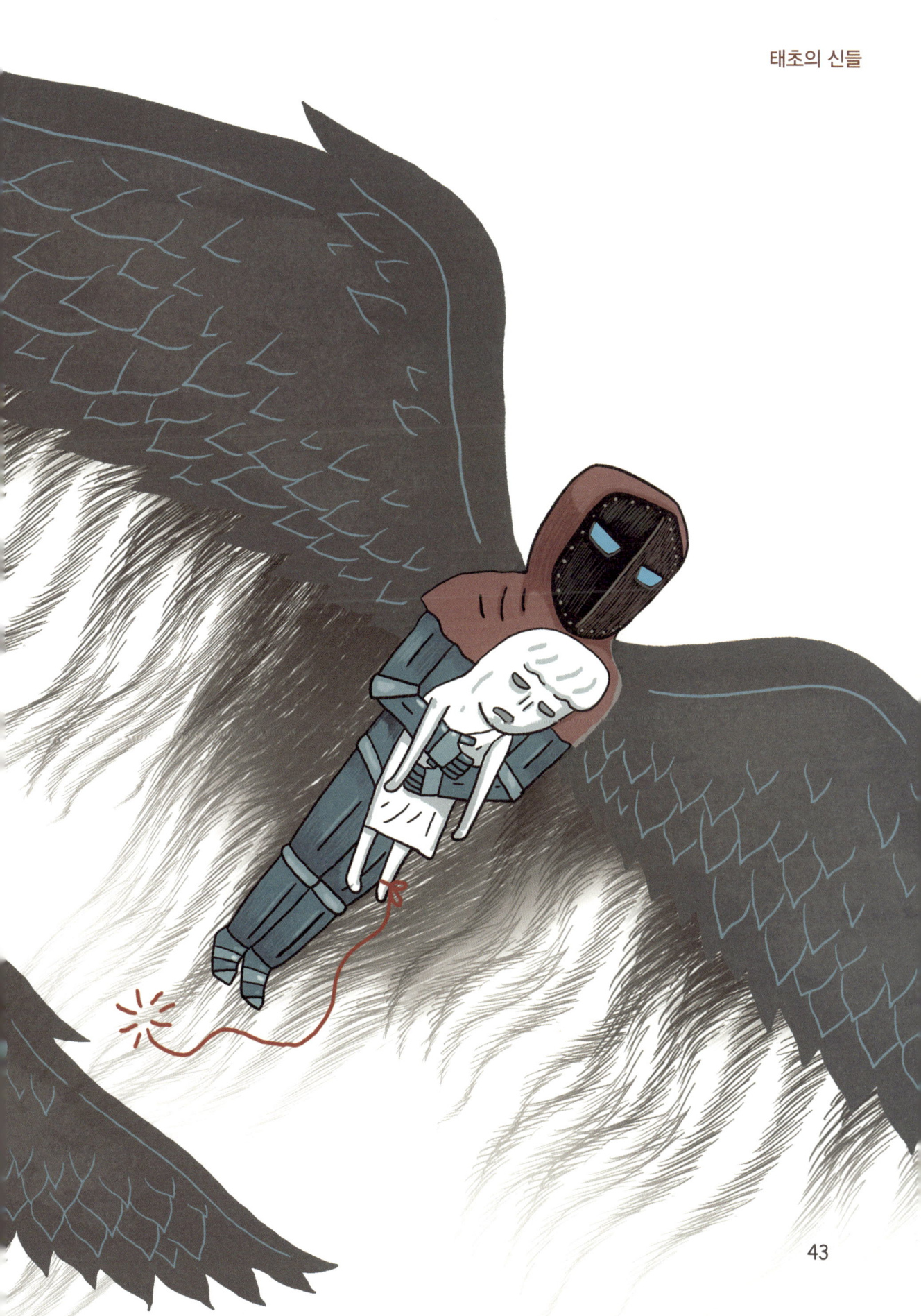

마을의 수호신을 모셔 놓는 '서낭당'

세상 모든 것에 신이 있어요

고대 그리스 사람들은 모든 것에 신이 있다고 믿었어요. 비, 바람, 번개, 불과 같은 자연 현상은 물론, 동물과 식물에도 신이 있다고 생각했지요. 길을 가며 흔히 볼 수 있는 풀잎 하나까지도요. 그뿐만이 아니에요. 사랑이나 미움의 감정, 혹은 늙고 병들어 죽는 현상에도 신이 있다고 믿었어요. 세상 모든 것에 신이 있다고 믿은 그리스 인들은 낮이나 밤도 신의 모습으로 표현했답니다.

우리 옛 조상들도 세상 만물에 신이 깃들어 있다고 믿었어요.
산이나 호수, 바다와 하늘에 모두 신이 있다고 믿었지요. 또 오래된 나무나 커다란 바위를 '마을을 지켜 주는 수호신'으로 모셨어요. 우리 조상들은 집 안에도 신이 있다고 믿었어요. 부엌에는 조왕신, 물독에는 용궁 각시, 마루에는 성주신이 있다고 믿으며 정성껏 섬겼지요. 이렇게 여러 신을 믿는 것을 '다신론'이라고 해요. 반대로 세상에 신은 단 하나뿐이라고 믿는 것을 '일신론'이라고 하지요.

신화 놀이터

암흑의 세상 카오스에 변화가 생기기 시작했어요. 거대한 덩어리가 땅, 바다, 하늘, 산 등으로 나뉘고 있어요. 다음 그림을 색칠하며 일곱 명의 신을 찾아보세요.

맨 처음에 세상을 다스렸던 티탄 세계는
하루도 조용할 날이 없었어요. '가지 많은 나무
바람 잘 날 없다.'라는 말처럼 수많은 형제와 친척 신들끼리
재미있게 놀고 때로는 다투고, 사랑하며 지내느라 늘 시끄러웠거든요.
티탄들이 북적이며 살아가는 동안만큼은 인간 세상도 평화로웠답니다.
그러던 중, **티탄 세계에 엄청난 반란이 일어났어요!**
도대체 무슨 일이 벌어진 걸까요?

티탄의 왕, 크로노스

왕이 되고 싶은 막내

하늘의 신 우라노스는 강력한 힘으로 신들을 지배했어요. 모두가 우라노스를 두려워했지요. 티탄 열두 남매 중 막내로 태어난 크로노스도 아버지가 늘 무서웠어요. 하지만 남몰래 '난 신들의 왕이 될 거야.' 하고 생각했어요. 우라노스에게 미움을 받아 지옥에 갇힌 외눈박이 삼 형제를 기억하나요? 이 삼 형제는 자신들을 구해 달라며 날마다 울부짖었어요. 하지만 누구도 그들을 도와주지 않았어요. 우라노스에게 들키면 큰일 나니까요.
그런데 크로노스가 큰 결심을 했어요. '외눈박이 삼 형제를 이용하자!' 왕이 되고 싶은 크로노스의 계획이 드디어 시작되었어요.

크로노스가 아버지를 물리쳤어요

크로노스는 혼자 힘으로는 도저히 우라노스를 물리칠 수 없었어요. 그래서 어머니 가이아와 힘을 합쳐 아버지를 물리치기로 했어요. 가이아는 자식들을 구하고 싶은 마음에 크로노스의 계획에 찬성했어요. 가이아는 힘센 우라노스에게 맞설 수 있는 무기를 만들어 주었어요. 엄청난 크기의 낫이었어요. 크로노스는 어두운 밤이 되기를 기다렸어요.

깊은 밤, 크로노스가 우라노스를 향해 낫을 휘둘렀어요.
우라노스는 피를 흘리며 꼼짝없이 당하고 말았지요.
우라노스는 저주하는 말을 내뱉으며 왕위에서 물러났어요.
"언젠가 너 역시 자식에게 왕 자리를 빼앗길 것이다!"

어머니와의 약속을 어긴 크로노스

크로노스는 마침내 꿈을 이루었어요. 아버지를 물리치고 왕이 된 거예요. 자신과 같은 티탄에게 중요한 임무를 맡기고, 마음껏 세상을 다스렸지요. 지금까지는 태초의 신들이 세상을 다스렸지만, 이제 티탄의 시대가 온 거예요.

그런데 크로노스는 외눈박이 삼 형제를 타르타로스에서 꺼내 주고 싶지 않았어요. 그들이 나오면 세상은 엉망이 되고, 왕위마저 빼앗길까 봐 걱정이 되었거든요.

가이아는 크로노스가 외눈박이 삼 형제를 꺼내 주지 않자 속이 상했어요. 하지만 어쩔 수 없었어요. 크로노스는 이제 왕이 되었고, 티탄 형제들도 그의 편이 되었으니까요.

아들아, 네 형제들을 구해 다오.

흑흑흑

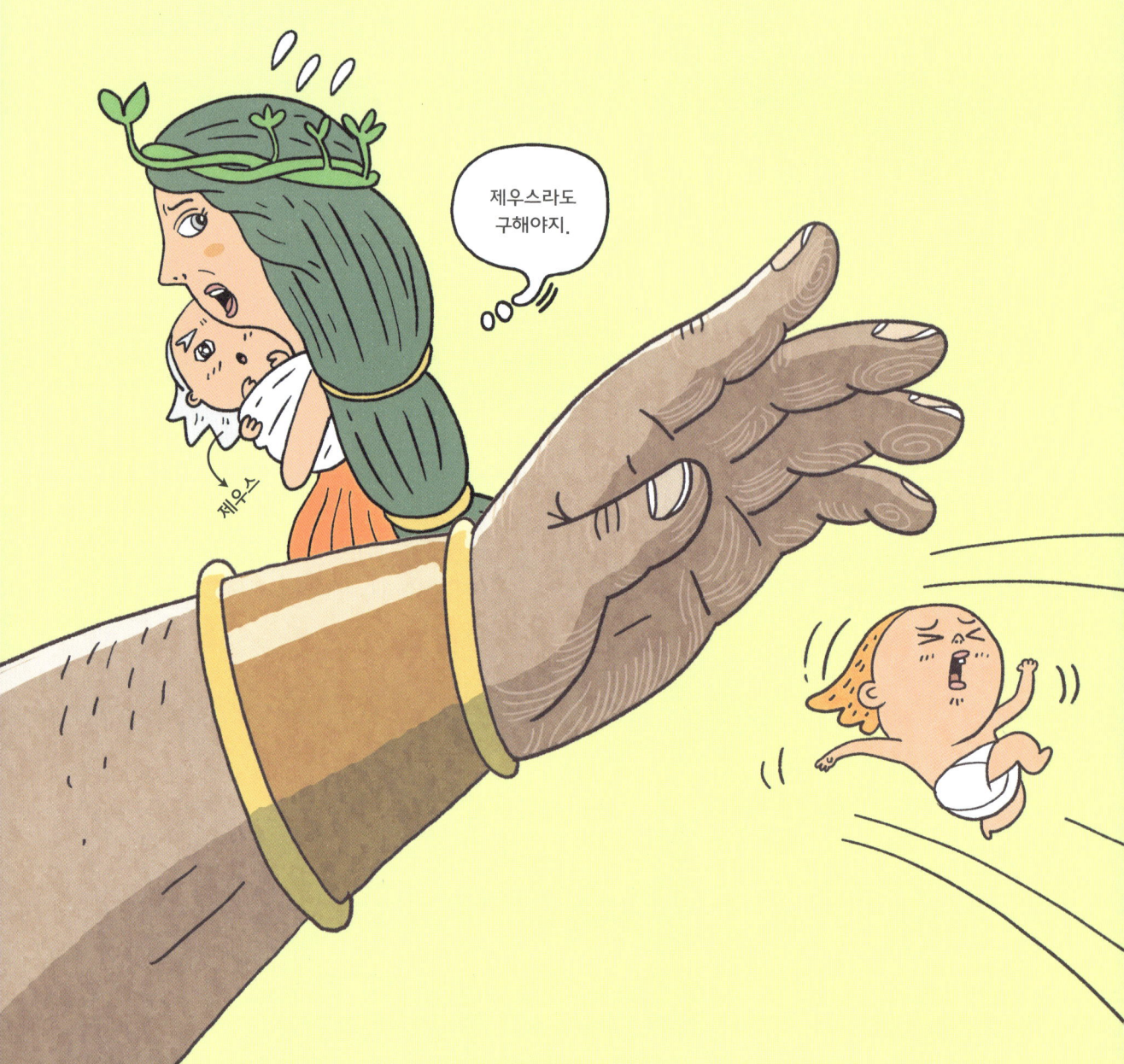

꿀꺽! 자식들을 삼켰어요

크로노스는 티탄 신 레아와 결혼해서 하데스, 포세이돈, 헤스티아, 데메테르, 헤라를 낳았어요. 크로노스는 자식들이 태어나자 겁이 났어요. 아버지(우라노스)가 퍼부었던 저주의 말이 생각났거든요. 그는 자식 중 누군가가 왕위를 빼앗을 것만 같았어요. 크로노스는 어떻게 하면 자식들이 왕위를 빼앗지 못하게 할까 고민했어요.

티탄의 시대

깜깜해!

크로노스는 고민 끝에 아기가 태어나는 대로 삼켰어요.
배 속에 가둬 놓고 평생 감시할 생각이었지요. 그러던 중
막내아들이 태어났어요. 레아는 그 아기만은 꼭 지키고 싶었어요.
그래서 남몰래 가이아에게 아기를 맡겼어요. 그 아기가 바로
제우스예요. 레아는 크로노스에게 이불에 싼 큰 돌을 주었어요.
크로노스는 그것이 제우스인 줄 알고 꿀꺽 삼켰어요.

신의 이름에는 뜻이 있어요

우리에게 이름이 있듯, 그리스 신들에게도 하나하나 다른 이름이 있어요. 그 이름에는 저마다 뜻이 있어요. 자연, 사람의 감정이나 행동, 신들의 특징에서 빌려 온 뜻이지요.

먼저 자연에서 따온 이름을 살펴볼까요? 우라노스는 그리스 어로 '하늘'을 뜻해요. 가이아는 '땅'을 뜻하고요. 폰토스는 말 그대로 '바다'이지요. 헬레오스는 '태양', 셀레네는 '달', 닉스는 '밤', 에레보스는 '어둠'에서 이름을 따왔어요. 티탄 신 중 하나인 코이오스는 '하늘 덮개'라는 뜻이에요.

사람의 감정이나 행동을 뜻하는 이름도 있어요. 에로스는 '사랑', 니케는 '승리'를 뜻하지요. 복수의 여신인 네메시스는 '정당한 분노'를 가리켜요.

신들의 탄생이나 특징을 나타내는 이름도 있어요. 아프로디테는 우라노스의 피가 바다에 떨어져 생긴 '거품'에서 태어났다고 붙여진 이름이에요. 저승의 신 하데스는 '보이지 않는 자'라는 뜻이에요. 프로메테우스는 '먼저 생각하는 자', 에피메테우스는 '나중에 생각하는 자'라는 뜻이고요. 신들의 이름에는 고대 그리스 인의 생각과 마음이 담겨 있어요. 또한 자연을 신처럼 우러러 존경하는 마음과, 신 역시 사람처럼 사랑하고 미워하며 울고 웃는다는 믿음이 담겨 있지요.

우라노스 피에서 태어난 신들

복수의 여신 에리니스와 요정 멜리아데스

크로노스가 아버지 우라노스를 공격했을 때, 우라노스가 흘린 피에서 여러 신들이 태어났어요. 맨 처음 복수의 여신, 셋이 태어났어요. 이들 하나하나를 에리니스라고 해요. 에리니스는 머리카락이 전부 뱀이에요. 세 여신은 횃불을 들고서 나쁜 사람들을 샅샅이 찾아냈어요. 그리고 다른 사람들을 대신해 복수를 해 주었지요.

에리니스

티탄의 시대

세 여신들은 비밀스러운 바늘을 가지고 있었어요. 사람들 눈에는
보이지 않는 투명한 바늘로, 죄지은 사람들을 찔러 벌을 주었지요.
멜리아데스 역시 우라노스의 피가 땅에 떨어졌을 때 태어났어요.
멜리아데스는 물푸레나무의 요정이에요. 그녀는 바다, 숲, 나무 같은
자연에 깃들어 살았어요. 어여쁜 아가씨의 모습으로
춤과 노래를 즐겼답니다.

거인 괴물, 기간테스

기간테스는 우라노스의 피에서 태어난 괴물이에요.
어마어마하게 큰 거인 괴물족이랍니다. 몸통은 거인이고 다리는
뱀처럼 가늘어요. 그중에는 팔이 백 개나 되는 괴물도 있어요.

기간테스는 신들과 사이가 좋지 않았어요. 끊임없이
신들과 전쟁을 하면서 반란을 일으켰지요. 신들이 기간테스를 피해
이집트로 도망친 적도 있었어요. 동물로 변신해 몸을 감추기도 했고요.
신들이 기간테스를 처치하려면 하늘로 올려 보내야 했어요.
기간테스가 땅에서는 결코 죽지 않는 불사신이었거든요.

눈부시게 아름다운 아프로디테

그리스 로마 신화에 나오는 가장 아름다운 여신은 아프로디테예요. '거품에서 태어난 여신'이라는 뜻이지요. 우라노스의 피가 바다에 떨어졌을 때 태어났어요. 아프로디테는 오랫동안 거품으로 살다가 바다 신의 도움으로 바다 위로 두둥실 떠올랐어요.

그때 바다 위를 지나가던 커다란 조개가 아프로디테를 태워 주었어요.
얼마 뒤, 아프로디테는 섬에 도착했어요. 그곳에 있던 여신들이
아프로디테에게 고운 옷을 입히고 보석으로 꾸민 뒤, 백조가 이끄는
마차를 내주었지요. 아프로디테는 신들이 사는 곳으로 가게 되었어요.

산드로 보티첼리 〈비너스의 탄생〉

티탄의 열두 남매

남자 신들, 티타네스

티탄 열두 남매는 우라노스와 가이아 사이에서 태어났어요. 그중에서 남자 신들을 티타네스라고 해요. 첫째 아들은 대양의 신 오케아노스, 둘째 아들은 하늘 덮개라는 뜻의 코이오스예요. 셋째 아들은 높은 곳을 달리는 태양의 신 히페리온, 넷째 아들은 크리오스예요.

다섯째 아들 이아페토스는 인간과 떼려야 뗄 수 없는 신들을 많이 낳았어요. 인간에게 불을 선물한 프로메테우스도 그의 아들이지요. 여섯째 아들은 크로노스예요. 그는 아버지를 몰아내고 티탄의 왕이 된 막내아들이에요.

여자 신들, 티타니데스

여자 신들은 티타니데스라고 해요. 첫째 딸은 테이아예요. 테이아는 히페리온과 결혼해서 태양신 헬리오스, 새벽의 여신 에오스, 달의 여신 셀레네를 낳았어요. 둘째 딸은 레아예요. 레아와 크로노스는 훗날 올림포스(그리스에서 가장 높은 산) 신들의 왕이 되는 제우스를 낳았어요.

셋째 딸인 기억의 여신 므네모시네는 춤과 노래를 만드는 여신들, 뮤즈를 낳았어요. 넷째 딸은 '밝다'라는 뜻의 포이베예요. 다섯째 딸 테티스는 대양의 신 오케아노스의 아내가 되었어요. 여섯째 딸 테미스는 정의와 법을 다스리는 재판의 여신이에요. 신들은 형제나 가족끼리 자유롭게 결혼했어요. 후손을 더 많이 낳기 위해서예요.

이 아기는 장차 큰 인물이 될 거예요.

슬픔과 고통이 없는 황금시대

티탄 남매들은 크로노스 왕과 힘을 합해 세상을 다스렸어요. 이 시기를 '황금시대'라고 해요. 그때 사람들은 아무런 고통도 없었어요. 가난하지도 비참하지도 않았지요. 언제나 젊고 건강했어요. 모든 불행에서 벗어나 기쁘고 즐겁게 살았고, 죽음조차 잠을 자듯 편안히 맞았답니다. 인간이 신처럼 산 거예요.

티탄의 시대

황금시대는 평화롭고 행복했어요. 사람들은 법이 없어도 싸우지 않고,
언제나 정의롭게 행동했어요. 칼이나 창 같은 것도 없었고요.
나무를 베거나 함부로 돌을 옮기지도 않았어요. 밭을 갈고 씨를 뿌리지
않아도 곡식은 늘 넘쳐 났지요. 강에는 우유와 포도주가 절로 흘렀고,
노란 꿀이 나무마다 방울져 떨어졌어요.

인간의 다섯 시대

고대 그리스의 시인 헤시오도스는 인간의 역사를 다섯 시대로 나누었어요. 황금시대, 은의 시대, 청동 시대, 영웅 시대, 철의 시대로요.
'황금시대'는 티탄의 왕 크로노스가 다스리던 시기로, 모두가 행복을 누렸던 때예요. 그런데 인류 최초의 여자인 판도라가 상자를 열어 인간 세상에 악을 퍼뜨리면서 행복이 끝나고 말았지요.
그다음 찾아온 '은의 시대'는 제우스가 지배하던 시기예요. 사람의 고난과 고통이 시작된 때이기도 해요. 이때 일 년이 사계절로 나누어졌고, 추위와 더위 때문에 집이 필요했어요. 사람들은 우선 동굴에서 살기 시작했어요. 나뭇가지를 엮어 오두막집도 지었지요. 뿐만 아니라 열심히 농사를 지어야만 곡식을 얻을 수 있었어요.

그다음, 차갑고 단단한 '청동 시대'가 찾아왔어요. 이때 사람들은 더욱 거칠어졌어요. 걸핏하면 무기를 들고 싸우며 전쟁을 일으켰지요. 서로 힘이 세다며 잘난 척하기 일쑤였고, 욕심으로 가득 차 남의 것을 빼앗았어요. 자연을 소중히 여기지 않고 마구 파괴했고요. 제우스는 진실도 명예도 잃어버린 채 욕심만 부리는 사람들에게 화가 났어요. 결국 제우스는 거대한 홍수를 일으켜 세상을 쓸어 버렸어요.
이후 헤라클레스 같은 영웅이 이 세상을 구하는 '영웅 시대', 신들이 하늘로 올라가 버리고 사람들이 불행과 고난을 겪으며 사는 '철의 시대'가 이어졌어요.

하늘을 들어라! 천하장사 아틀라스

아틀라스의 가족

아틀라스는 이아페토스의 아들로 태어났어요. 이아페토스는 티탄의 열두 남매 중 다섯 번째 남자 신이에요. 아틀라스의 이름은 '짊어지는 자'라는 뜻이에요. 아틀라스는 거인 신 중에서 힘이 가장 셌어요. 머리가 나빠서 잘 속아 넘어갔지만요. 아틀라스의 큰형은 그 유명한 프로메테우스예요.

티탄의 시대

'먼저 생각하는 자'란 뜻의 프로메테우스는
사람을 만들고 그들에게 불도 가져다주었어요.
'나중에 생각하는 자'란 뜻의 둘째 형 에피메테우스는 사람들에게
불행을 안겨 주었어요. 형인 프로메테우스와 많이 다르지요?
'처음'을 뜻하는 프롤로그와 '끝'을 뜻하는 에필로그라는 단어는
형제의 이름에서 따온 말이에요.

75

하늘을 떠받치는 벌을 받았어요

티탄 신들이 다스리던 시대가 끝나고, 마침내 올림포스 신들의 시대가
시작되었어요. 제우스가 올림포스의 왕이 되어 세상을 지배하게 된 거예요.
하지만 티탄 신들은 제우스가 마음에 들지 않았어요. 얼마 뒤,
티탄은 제우스와 치열하게 싸움을 벌였어요. 티탄 신 아틀라스도
올림포스 신들과 싸웠어요.
전쟁은 제우스의 승리로 끝이 났고, 티탄 신들은 무릎을 꿇었어요.
그 일 때문에 티탄 신들은 모조리 지옥으로 떨어지게 되었어요.
그중에서도 아틀라스가 가장 무겁고 큰 벌을 받았어요.
서쪽 끝에 서서 하늘을 떠받들고 있어야 하는 엄청난 벌이었지요.

헤라클레스 대신 황금 사과를 딴 아틀라스

신들에게는 황금 사과나무가 있었어요. 그 나무에서 열리는 황금 사과를 먹으면 죽지 않고 영원히 살 수 있었지요. 하지만 사과나무 앞에는 나무를 지키는 머리 백 개 달린 용이 있었어요. 그 용 때문에 아무도 그 옆에 가지 못했지요. 헤라클레스는 신들의 황금 사과를 훔치기 위해 계획을 세웠어요. 그리고 기발한 방법을 생각해 냈지요.

헤라클레스는 하늘을 떠받치고 있는 아틀라스를 찾아갔어요.

"아틀라스, 황금 사과를 따다 줄 수 있어?"

"그럼 네가 하늘을 들고 있을래?"

티탄의 시대

아틀라스는 헤라클레스의 말에 고개를 끄덕였어요.
잠깐이라도 무거운 하늘을 들지 않아도 되니까요.
아틀라스는 용을 물리치고 황금 사과를 따 왔어요.
그런데 헤라클레스에게 아예 하늘을 떠맡기고 싶은 생각이 들었어요.
"이봐, 헤라클레스! 하늘을 계속 들고 있는 게 어때?"
하지만 헤라클레스도 그렇게 호락호락하지 않았어요.
"좋아! 계속 들고 있으려면 머리에 따리를 얹어야 하니 네가 잠깐만 들어."
헤라클레스는 아틀라스가 하늘을 들자마자 잽싸게 도망쳐 버렸답니다.

커다란 산맥이 되었어요

북아프리카에는 높은 산과 절벽이 아주 많아요. 모로코와 알제리, 튀니지라는 북아프리카 나라에는 아틀라스 산맥이 걸쳐 있어요. 티탄 신 아틀라스가 변해서 그 산맥이 되었다는 전설을 들어 볼까요?
어느 날, 영웅 페르세우스가 괴물 메두사의 머리를 베어 들고, 아틀라스 앞을 지나가고 있었어요. 잠잘 곳을 찾던 페르세우스가 아틀라스에게 하룻밤만 재워 달라고 부탁했어요.
하지만 아틀라스는 거절했어요.

아틀라스 산맥

그러자 페르세우스가 괴물 메두사의 머리를 아틀라스에게 들이댔어요.
누구든지 메두사의 눈을 보면 돌이 되어 버리거든요. 아틀라스 역시
큰 돌로 변했어요. 수염과 머리카락은 숲이 되었고, 팔과 어깨는 절벽,
머리는 산꼭대기가 되었어요. 그리고 뼈는 바위가 되었어요.
아틀라스는 점점 커다란 산맥으로 변했어요.

친구들과 보드게임을 해 보세요. 주사위를 던지고 나온 수만큼 말을 움직여요. '미션'을 해결하면 점수를 얻고, 해결을 못하면 0점이에요. 도착점에 가서 점수를 더한 뒤 순위를 정해요. 준비물: 주사위, 말

그리스 로마 신화 게임

출발 →

↑ 도착

1 아프로디테처럼 예쁜 척하기 **10점**

2 프로메테우스의 뜻은? **3점**

3 아틀라스 세 번 외치기 **5점**

19 초성 퀴즈 ㄱㄱㅌㅅ **5점**

18 황금 점수 **10점**

17 신화 속 신 세 명 말하기 **10점**

16 초성 퀴즈 ㅌㅌ **5점**

15 하늘을 떠받드는 벌을 받은 신은? **5점**

14 황금 점수 **5점**

티탄 신과의 전쟁에서 승리한 제우스!
제우스는 신들의 왕이 되어 하늘을 잘 다스렸고,
올림포스 열두 신들에게는 각자 할 일을 주었어요. 제우스는
인간 세상의 질서와 정의를 지키기 위해서 노력했어요. 나쁜 사람에게는
엄한 벌을 주고, 착한 사람들의 재산과 행복은 잘 지켜 주었지요.

신들의 왕, 제우스

올림포스 시대를 열다

아버지를 피해 숲속에서 자랐어요

크로노스는 왕 자리를 빼앗길까 봐 자식이 태어나면 꿀꺽 삼켜 버렸어요.
제우스는 크로노스의 막내아들로 태어났어요. 가이아는
레아의 부탁으로 제우스를 크레타 섬 동굴에 꼭꼭 숨겨 주었어요.
요정 아말테이아는 산양 젖으로 제우스를 키웠어요. 제우스가
울음을 터뜨리면 요정들은 방패를 두드리며 휘파람을 불었어요.
크로노스에게 들키지 않기 위해서예요.

신들의 왕, 제우스

제우스는 요정들의 보살핌과 사랑을 받으며 멋진 청년으로 자라났어요.
그제야 요정들은 제우스에게 모든 사실을 털어놓았어요. 아버지가
형제들을 배 속에 가두고, 제우스마저 삼키려고 했다는 사실을요.
제우스는 큰 충격에 빠졌어요. 아버지가 미웠고, 형제들은 너무 불쌍했어요.
무엇보다 어머니를 하루빨리 만나고 싶었어요.

형제들을 구해 냈어요

제우스는 아버지 배 속에서 형제들을 어떻게 꺼낼까 고민했어요.
고민 끝에 식물과 약초를 다루는 메티스를 찾아가 '토하는 약'을 만들어 달라고 했어요. 제우스는 약을 받아 한달음에 신전으로 달려갔지요.
그토록 보고 싶던 어머니를 만나 형제들을 구할 계획을 함께 세웠어요.
제우스는 시종으로 변장해서 왕이 먹을 음식에 몰래 약을 넣었어요.
아무것도 모른 채 맛있게 음식을 먹던 크로노스가 갑자기 구역질을 했어요.
그러자 크로노스의 입에서 제우스의 형제들이 튀어나왔어요.
헤스티아, 데메테르, 헤라, 하데스, 포세이돈까지 전부 되살아났지요.
제우스는 형제들과 재빨리 신전을 도망쳐 나왔답니다.

티탄 신들과 전쟁을 했어요

제우스와 형제들은 올림포스 산으로 올라갔어요. 크로노스와
티탄이 다스리는 세계가 싫어진 다른 신들도 제우스를 따라갔어요.
신들은 제우스를 새로운 왕으로 모시기로 결정했어요.
그러자 크로노스가 올림포스 신들을 공격했어요.
티탄 신들과 올림포스 신들의 전쟁인 '티타노마키아'가
시작된 거예요.

신들의 왕, 제우스

제우스는 감옥에 갇혔던 외눈박이 삼 형제를 재빨리
구해 주었어요. 그들은 자신들을 꺼내 주지 않은 크로노스에게
화가 나 있었어요. 그래서 제우스를 돕기로 했지요. 손재주가
뛰어난 외눈박이 삼 형제는 제우스에게 번개를, 포세이돈에게 삼지창을,
하데스에게 투명 투구를 만들어 주었어요. 티탄 신들과 올림포스 신들의
전쟁은 십 년 동안 계속되었어요. 승리는 올림포스 신들이 차지했지요.

기간테스와 전쟁을 했어요

전쟁이 끝나고 얼마 뒤였어요. 가이아가 제우스에게 티탄 신들을 용서해 달라고 부탁했어요. 하지만 제우스는 들은 척도 하지 않았어요. 화가 난 가이아가 기간테스에게 제우스와 전쟁하라고 명령했어요. 어느 날, 기간테스가 제우스를 공격했어요.

신들의 왕, 제우스

제우스는 기간테스와 전쟁하는 것이 무척 힘들었어요.
이 싸움에서 이기려면 인간 영웅의 도움이 꼭 필요했어요.
제우스는 헤라클레스에게 도움을 청하기로 했어요.
헤라클레스는 제우스의 피를 이어받은 사람이에요. 용기와 힘이 넘쳤지요.
헤라클레스는 사자 가죽을 뒤집어쓰고 전쟁터로 나갔어요.
그리고 독화살로 기간테스 대장 알키오네우스를 쏘아 죽였어요.
이것을 시작으로 올림포스 신들이 전쟁에서 이기기 시작했어요.

제우스가 왕이 되었어요

신과 괴물들의 전쟁은 계속되었어요. 제우스와 올림포스 신들, 그리고 헤라클레스는 물러서지 않고 맞서 싸웠어요. 어느덧 십 년이 훌쩍 지나갔어요. 지쳐 버린 기간테스가 두 손을 들고 항복했어요. 올림포스 신들의 완벽한 승리였지요.

이로써 제우스는 모든 것을 다스리는 올림포스 왕이 되었어요. 티탄 시대가 가고, 올림포스 시대가 열린 거예요.

비로소 세상에 평화가 찾아왔어요.

산에는 나무가 가득하고, 들판에는 풍년이 들었어요.

전쟁 때문에 무너진 신전도 다시 세웠지요. 올림포스 신들은 서로 사랑하고 미워하기도 하며 열심히 살아갔어요.

제우스가 만든 배꼽

모든 사람과 포유동물에게는 배꼽이 있어요. 배꼽은 엄마와 아기가 하나로 이어져 생명을 이어받는 중요한 증거지요. 그리스 신화에는 이 세상에도 배꼽이 있다고 써 있어요. 어디에 있을까요?
어느 날, 제우스가 독수리 두 마리를 하늘로 날려 보냈어요. 독수리들은 서로 다른 방향으로 날아가 세상을 한 바퀴 돌았지요. 그리고 세상의 중심에서 다시 만났어요.
이 두 마리 독수리가 만난 곳이 세상의 배꼽이 되었어요. 그곳은 그리스 아테네에서 서북쪽으로 120킬로미터쯤 떨어진 델포이의 파르나소스 산 꼭대기예요.

델포이에 있는 아폴론 신전

제우스가 말했어요.
"이곳 델포이가 세상의 중심이다."
그리고 그곳을 표시하기 위해 돌을 세워 두었지요. 제우스가 세운 돌은 아버지 크로노스가 제우스인 줄 알고 속아서 꿀꺽 삼켰다가 토해 낸 돌이에요. 그 돌을 '옴팔로스'라고 해요.
옴팔로스는 그리스 어로 '배꼽'을 뜻하는 말이지요.
델포이에는 제우스의 아들이자 태양의 신인 아폴론 신전이 있어요.
이곳에서 그리스의 도시 국가들이 모여 잔치를 벌이기도 했지요.

옴팔로스

모든 것을 다스리는 제우스

제우스의 무기는 '번개', 동물은 '독수리'

올림포스 신이라면 누구나 자신을 나타내는 무기와 동물을 가지고 있어요. 신들의 왕 제우스의 무기는 바로 천둥과 번개예요. 그 천둥과 번개는 외눈박이 삼 형제가 준 거예요. 그것으로 티탄과의 전쟁에서 이겼지요. 제우스는 천둥과 번개의 힘으로 비와 구름을 다스렸어요.

신들의 왕, 제우스

제우스는 독수리를 가지고 있었어요. 독수리를 조종해
신과 사람들을 늘 감시했어요. 또 독수리로 변신해서 하늘을 날기도 했어요.
제우스는 아이기스라는 방패도 가지고 있었어요. 제우스의 아들
헤파이스토스가 만들어 준 거예요. 제우스가 그 방패를 흔들면
천둥이 치고 구름이 몰려왔답니다.

올림포스 신들에게 할 일을 주었어요

제우스는 형제와 자식들에게 할 일을 골고루 나누어 주었어요. 하늘을 다스리는 일은 신들의 왕 제우스의 몫이었어요. 바다를 다스리는 일은 포세이돈에게 맡겼고요. 나머지 신들도 할 일을 하나씩 받았어요.

신들의 왕, 제우스

제우스의 아내 헤라는 결혼을 맡았어요. 데메테르는 곡식과
풍요로움을 다스렸고요. 아테나는 지혜, 아레스는 전쟁을,
아폴론은 태양과 음악을 맡았지요. 아프로디테는 아름다움을,
아르테미스는 달과 사냥을 담당했어요.
헤르메스는 명령을 전하는 일을, 헤파이스토스는
대장장이를 맡았어요. 막내 디오니소스는 술과 축제를 담당했지요.
이들이 올림포스 신을 대표하는 열두 신이에요.
열두 신은 늘 회의를 열어 신과 인간의 일들을 신중하게 결정했어요.

신과 사람을 지배했어요

제우스가 신들의 왕이기만 했던 것은 아니에요. 신화 속에 나오는

여러 영웅들의 아버지이자 사람들의 아버지예요. 제우스는

인간 세상의 질서와 정의를 위해서도 노력을 많이 했어요.

나라에 위험하거나 힘든 일이 생기면, 늘 제우스가 나서서 해결했지요.

신들의 왕, 제우스

제우스는 나쁜 사람에게 엄한 벌을 내렸고, 착한 사람에게 행복과 기쁨을 선물했어요. 세상이 제대로 돌아가도록 강력한 법도 만들었고요.
이렇게 제우스는 신과 사람들의 삶을 철저히 지배했어요.
왕들 역시 제우스의 막강한 힘을 믿고 따랐답니다.

그리스 로마 신화를 그린 명화

"그리스 로마 신화는 모든 학문의 시작이다."라는 말이 있어요. 그리스 로마 신화는 미술이나 문학, 연극, 춤과 음악을 만들 때 사람들의 상상력을 풍부하게 만들어 주었어요. 기발한 아이디어를 떠올려 주기도 했고요. 서로 사랑하고 미워하는 신들의 모습이나, 위대한 영웅들의 모험은 예술가들의 가슴을 늘 뛰게 만들었지요.

라파엘로 〈갈라테이아의 승리〉

이탈리아에서 태어난 라파엘로는 레오나르도 다 빈치, 미켈란젤로와 함께
르네상스를 연 3대 천재 예술가 중 하나예요. 그는 다양한 그림을 많이 남겼어요.
특히 그리스 로마 신화 속 이야기에서 영감을 많이 받았다고 해요.
〈갈라테이아의 승리〉를 비롯해 〈신들의 회의〉가 그런 작품이에요.

라파엘로 〈신들의 회의〉

제우스는 변신의 왕

제우스의 별명이 바람둥이인 이유

제우스의 별명은 '바람둥이'예요. 그 별명처럼 수많은 여신들과 결혼했지요. 제우스의 첫 번째 아내는 지혜로운 여신 메티스예요. 그런데 메티스가 아이를 가졌을 때, 제우스는 무서운 예언을 들었어요.

"메티스가 낳는 아들이 왕의 자리를 빼앗을 것이다."

그 말을 들은 제우스는 메티스를 꿀꺽! 삼켜 버렸어요.

신들의 왕, 제우스

두 번째 아내는 티탄 여신 테미스예요. 제우스는 얼마 뒤 테미스와 헤어지고, 에우리노메와 세 번째 결혼을 했어요. 그 뒤로도 제우스는 결혼을 네 번이나 더 했어요. 마지막 일곱 번째 아내가 바로 헤라예요. 제우스는 헤라에게 "당신은 나의 마지막 아내요."라고 단단히 약속했어요. 하지만 제우스는 그 뒤로도 헤라의 눈을 피해 다른 여자들을 만났어요.

백조로 변신한 제우스

제우스는 여신뿐만 아니라 인간 여자들도 졸졸 쫓아다녔어요.
하지만 인간 여자들은 제우스가 두려워 도망치기 일쑤였지요.
제우스는 인간이 넘볼 수 없는 신, 그것도 신들의 왕이었으니까요.
제우스는 궁리 끝에 다른 모습으로 변신해서 여자들을 찾아갔어요.

신들의 왕, 제우스

어느 날, 제우스는 스파르타 왕국의 왕비 레다에게 홀딱 반하고 말았어요.
제우스는 백조로 변신해 레다 곁으로 날아갔어요. 레다는 눈처럼 희고
아름다운 백조의 모습에 감탄했어요. 제우스라는 사실은 꿈에도 모르고,
백조와 사랑에 빠졌지요. 얼마 뒤, 레다가 알 두 개를 낳았어요.
그 알에서 헬레네, 폴리데우케스, 카스토르, 클리타임네스트라가
태어났어요.

흰 소로 변신해 에우로페를 만났어요

에우로페는 페니키아 왕 아게노르의 딸이에요. 제우스는 어여쁜 에우로페를 만나고 싶었어요. 하지만 에우로페는 바람둥이 제우스와 만나고 싶지 않았어요. 그러자 제우스가 흰 소로 변신하여 꽃을 따고 있는 에우로페에게 천천히 다가갔어요. 에우로페가 늠름한 흰 소에게 관심을 보이는 순간! 흰 소가 재빨리 에우로페를 업고 바다로 뛰어들었어요.

신들의 왕, 제우스

에우로페를 납치한 제우스는 크레타 섬으로 갔어요. 크레타 섬은 지금의 그리스에 속한 섬이에요. 유럽에서 가장 오래된 문명이 시작된 곳이지요. 에우로페는 크레타 섬의 여왕이 되어 제우스의 아들을 낳았어요. 그 아이들이 미노스, 라다만티스, 사르페돈이에요.

황금색 빗물이 되어

아르고스의 왕 아크리시오스에게는 다나에라는 외동딸이 있었어요.
어느 날, 아크리시오스 왕이 무서운 예언을 듣게 되었어요.
"앞으로 태어날 외손자가 당신을 해칠 것이다."
아크리시오스 왕은 딸의 결혼을 막고 아들을 낳지 못하게 해야겠다고
생각했어요. 그래서 다나에를 바다 한가운데 있는 철탑에
가두어 버렸지요.
다나에는 아름다운 처녀로 자랐지만 아무도 만날 수가 없었어요.
다나에의 아름다움은 신들이 살고 있는 올림포스까지 소문이
났어요. 제우스는 다나에를 만나러 가기로 결심했어요.
이번에는 무엇으로 변해서 다나에를 만났을까요?
그는 높은 철탑으로 가기 위해 황금색 비로 변신했어요.
빗물이 된 제우스는 철탑 안으로 스며들어
다나에를 만났어요.

제우스와 빛나는 별

은혜를 갚은 제우스

판은 가축과 양치기의 신이에요. 온몸이 딱딱한 털로 덮여 있고, 머리에는 짧은 뿔이 돋아나 있지요. 다리는 산양 같고요. 판은 들판에서 가축을 보호하며 살아갔어요.

나일 강변에서 신들의 잔치가 벌어졌을 때 일이에요. 제우스가 티탄을 몰아낸 것을 축하하고 있었지요. 그런데 갑자기 티탄의 괴물인 티폰이 쳐들어왔어요.

신들의 왕, 제우스

신들은 우왕좌왕 달아나기 바빴어요. 판 역시 도망치려고 염소로 변하는
주문을 외웠어요. 그런데 그만 엉뚱한 주문을 외우는 바람에
물고기 꼬리가 튀어나왔어요. 그때 멀리서 티폰에게 당하고 있는 제우스가
보였어요. 판은 정신없이 풀피리를 불어 댔지요. 시끄러운 풀피리 소리에
티폰은 달아나 버렸고, 제우스는 위기에서 벗어났어요. 제우스는
고마운 마음에 판을 염소자리로 만들어 주었답니다.

염소자리

제우스의 종이 된 가니메데스

올림포스의 왕 제우스는 수많은 종들을 거느리고 있었어요. 그러던 어느 날, 신들이 마시는 술을 따르던 종이 그 일을 못 하게 되었어요. 그러자 제우스가 다른 종을 직접 찾아 나섰어요. 사실 제우스는 속으로 점찍어 놓은 사람이 있었어요. 트로이에 사는 가니메데스란 소년이었어요.

신들의 왕, 제우스

제우스는 독수리로 변신해 트로이로 날아갔어요. 가니메데스는
산에서 양 떼를 쫓고 있었어요. 제우스는 가니메데스를 독수리 발톱으로
잡아챘어요. 올림포스에 도착한 가니메데스는 신들에게 술을 따라 주는
종이 되었지요. 그리고 다른 신들처럼 죽지 않고 영원히 살게 되었어요.
제우스는 훗날 가니메데스를 물병자리로 만들어 주었어요.
물병자리 옆 독수리자리는 제우스예요.

별이 된 신들의 왕

백조자리는 백조로 변한 제우스예요. 스파르타 왕국의 왕비 레다를 만나기 위해 변신했던 모습이지요. 이 별자리는 여름에서 가을로 넘어갈 때 북쪽 하늘에서 보여요. 별자리의 백조 날개가 은하수 위에 있어서 눈부시게 반짝인답니다.

신들의 왕, 제우스

황소자리

황소자리는 제우스가 에우로페를 만나려고 변신했던 흰 소 모습을 한 별자리예요. 동쪽 하늘에 브이 자 모양으로 수놓아져 있는데, 겨울철에 볼 수 있어요. 반짝이는 두 개의 별은 황소의 뿔이고, 나머지 별무리들은 황소의 머리예요.

신화 놀이터

제우스는 형제와 자식들에게 세상에서 해야 할 일을 골고루 나누어 주었어요. 신들이 제우스에게 받은 임무를 잘 지키고 있을까요? 두 그림을 보고 다른 부분 다섯 개를 찾아보세요.

티탄의 배 속에 갇혔다가 제우스의 도움으로
세상에 다시 나온 제우스의 형제들은 각자 맡은 일이 있었어요.
지하 세계를 다스리며 부(富)를 관리하는 신 하데스부터 바다를 지배하는
포세이돈, 그리스 로마 사람들이 가장 사랑한 가정의 신 헤스티아까지,
여러 신들의 재미난 이야기를 들어 보세요.

제우스의 형제들

으스스한 저승의 신, 하데스

죽음의 세계를 다스려요

하데스는 제우스와 형제예요. 제우스보다 먼저 태어났지만 아버지 배 속에 갇히는 바람에 제우스의 동생이 되었지요. 제우스가 티탄과 전쟁을 했을 때, 하데스는 충성을 다하겠다고 맹세했어요. 하데스라는 이름은 '보이지 않는 자'란 뜻이에요. 외눈박이 삼 형제가 하데스에게 준 퀴네에라는 투명 투구를 쓰면 그 누구도 하데스를 알아볼 수 없었지요.

하데스 님은 죽음의 신이자, 부자의 신!

"터벅터벅"

제우스의 형제들

하데스는 검은 말이 끄는 마차를 타고 다니며 죽음의 세계를 다스렸어요. 하데스가 사는 죽음의 세계에는 황금과 보석이 잔뜩 있었어요. 하데스가 부자의 신이기도 했거든요. 죽으면 황금과 보석도 아무 소용이 없는데 부자와 죽음의 신이 똑같다니, 정말 신기하지요?

내가 보이는가?

스르르륵

125

하데스의 재판

죽은 영혼이 가는 지하 세계는 어둡고 무서웠어요. 그곳은 며칠이 걸려도 도착하지 못하는 땅속 깊은 곳이에요. 지하 세계로 가는 문은 머리가 셋 달린 개 케르베로스가 지키고 있었어요. 지하 세계로 들어가면 다시는 나갈 수 없도록 감시하는 무서운 개예요.

죽은 사람들은 지하 세계에서 하데스에게 재판을 받았어요.
세상에서 착하게 산 사람은 엘리시온(행복이 가득한 낙원)으로 갔어요.
하지만 죄를 지은 사람은 지옥 타르타로스로 떨어졌지요.
지옥의 문은 백 개의 팔을 가진 헤카톤케이르들이 지키고 있었어요.
죄인은 그곳에서 끔찍한 벌을 받아야 했어요.

페르세포네를 데리고 갔어요

어느 날, 지하 세계가 지진이라도 난 듯 마구 흔들렸어요. 타르타로스에 갇힌 티탄 신들이 탈출하려고 몸부림쳤기 때문이에요. 하데스는 일단 티탄 신들을 진정시킨 뒤, 검은 말이 끄는 마차에 올라탔어요. 땅 위로 가서 집과 나무가 쓰러진 곳을 살펴보기 위해서였지요. 아름다움의 여신 아프로디테는 땅 위에 올라온 하데스가 못마땅했어요. 음침한 하데스를 지하 세계로 얼른 돌려보내고 싶었지요.

제우스의 형제들

그 순간 에로스가 화살을 꺼내 하데스를 겨냥했어요. 아프로디테의 아들인 에로스는 사랑의 신이에요. 그의 화살에 맞으면 누구나 사랑에 빠지지요. 하데스는 화살을 맞자마자 강가에서 꽃을 꺾고 있는 페르세포네와 마주쳤어요. 페르세포네는 곡식의 여신 데메테르의 딸이에요. 하데스는 페르세포네에게 한눈에 반했어요. 그는 그녀를 마차에 태우고 쏜살같이 지하 세계로 내려가 버렸어요.

누가 페르세포네 좀 구해 줘!

스틱스 강 맹세를 지키지 않으면

고대 그리스 인들은 사람이 죽은 뒤에 가는 나라가 따로 있을 거라고 생각했어요. 그리스 인들의 믿음에 따르면, 사람이 죽으면 죽은 자의 나라로 인도하는 헤르메스와 함께 죽음의 세계 앞까지 같이 가요. 그곳에는 이승과 저승을 가르는 스틱스 강이 흐르고 있지요. 신들은 무언가 맹세할 때 늘 스틱스 강에서 해요. 그리고 그 맹세는 반드시 지켜야 해요. 신들의 왕인 제우스라도요.

스틱스 강에서 한 맹세를 지키지 않으면, 1년 동안 목소리를 낼 수 없고 9년 동안 신들의 회의에 참석하지 못해요. 특히 죽은 사람이 스틱스 강에서 한 맹세를 어기면 곧장 지옥으로 들어가지요.

"동전부터 내야지요."

이 강을 건널 때는 카론이 배를 태워 줘요. 그런데 카론은 욕심이 많아서 동전을 주지 않으면 배에 태워 주지 않아요. 그래서 고대 그리스에서는 죽은 사람의 관에 동전을 넣어 주는 풍습이 있었어요. 죽은 자는 스틱스 강을 건넌 뒤, 죽음의 신 하데스의 궁전으로 들어가요.

풍성한 곡식의 여신, 데메테르

곡식과 풍요로움의 신

데메테르는 '곡식의 어머니'라는 뜻이에요. 밀과 옥수수 이삭으로 만든 관을 쓰고, 한 손에는 보리 이삭을 들고 있지요. 데메테르는 곡식과 채소, 꽃나무 등 땅에서 자라는 모든 생명을 돌보는 신이에요. 땅에서 자라는 모든 곡식은 데메테르의 책임이지요.

제우스의 형제들

데메테르가 돌보는 곡식은 무럭무럭 자라 탐스러운 열매를 맺어요.
데메테르는 제우스와 예쁜 딸을 하나 낳았는데 바로 페르세포네예요.
페르세포네 역시 씨앗을 다루는 여신이에요. 엄마와 딸은 싹을 틔우고
곡식을 기르며 행복하게 살았어요. 짝사랑에 눈이 먼 지옥의 신 하데스가
페르세포네를 납치하기 전까지는요!

데메테르가 땅을 돌보지 않았어요

어느 날 페르세포네가 집에 들어오지 않았어요. 데메테르는
딸이 하데스에게 납치당한 줄도 모르고 정신없이 찾아 헤맸지요.
데메테르는 딸이 죽었는지 살았는지 알려 주지 않는 땅이 원망스러웠어요.
그래서 그녀는 땅을 돌보지 않았어요.
땅이 가물어 식물이 말라 죽고, 비가 많이 내려서 뿌리가 썩어도
내버려 두었어요. 샘물마저 말라 버리자 요정들도 살 수가 없었어요.

제우스의 형제들

결국 요정들이 데메테르에게 사실을 고백했어요.
"페르세포네는 하데스와 결혼해서 지하 세계의 왕비가 되었어요."
데메테르는 하늘이 무너지는 것 같았어요. 지하 세계에 사는
하데스의 아내가 되었다면, 이제 영영 딸을 만나지 못할 테니까요.
데메테르는 곧장 제우스에게 달려갔어요.

내 딸을 돌려주세요!

제우스는 고민에 빠졌어요. 데메테르는 딸을 돌려 달라고 하고, 하데스는 아내를 돌려줄 수 없다고 하기 때문이에요. 제우스는 누구 편을 들어야 할지 고민이 되었어요. 제우스는 페르세포네가 지하 세계의 음식을 먹지 않으면 땅 위로 보내 주겠다고 했어요. 지하 세계의 음식을 먹은 사람은 땅 위로 돌아갈 수 없다는 법이 있거든요.

농사짓는 법을 가르쳤어요

데메테르가 딸을 찾아 헤매고 있을 때 일이에요. 하루는 노파로 변신해 들판을 떠돌다가 그만 바닥에 주저앉고 말았어요. 그때 산딸기를 따러 나온 꼬마가 데메테르를 보았어요. 꼬마는 데메테르를 자기 집으로 데려가 하룻밤을 재워 주었어요. 낡은 오두막집에는 할머니와 병든 아버지가 살고 있었지요. 데메테르는 고마운 마음에 아버지의 병을 고쳐 주었어요.

제우스의 형제들

데메테르는 꼬마의 아버지에게 농사짓는 법과 쟁기 사용하는 법을
가르쳐 주었어요. 꼬마의 아버지는 사람들에게 그 방법을 퍼뜨렸어요.
거친 땅에 논밭이 펼쳐지자, 농사짓는 사람이 하나둘 늘어났어요.
곡식이 넘쳐 나니 세상은 더욱 살 만해졌어요.
그 뒤 농부들은 데메테르를 존경하고 높이 받들었어요. 그리스에는
데메테르 여신을 기리는 농업 축제가 일 년에 두 번 열린답니다.

신도 벌을 받나요?

그리스 로마 신화에 나오는 신들은 사람과 아주 비슷해요. 그들은 사람과 마찬가지로 다양한 감정을 가지고 있어요. 화를 내고, 사랑에 빠지고 질투하고, 때로 실수도 하며 죄를 짓거나 억울한 일을 당하기도 하지요. 특히 죄를 지었을 때는 재판을 받아야 해요. 재판을 맡은 신들은 조약돌을 가지고 있었는데, 죄가 없다고 생각하면 재판을 받는 신 앞에 조약돌을 놓아 주었어요. 조약돌 수가 많으면 용서를 받고, 적으면 벌을 받았지요.

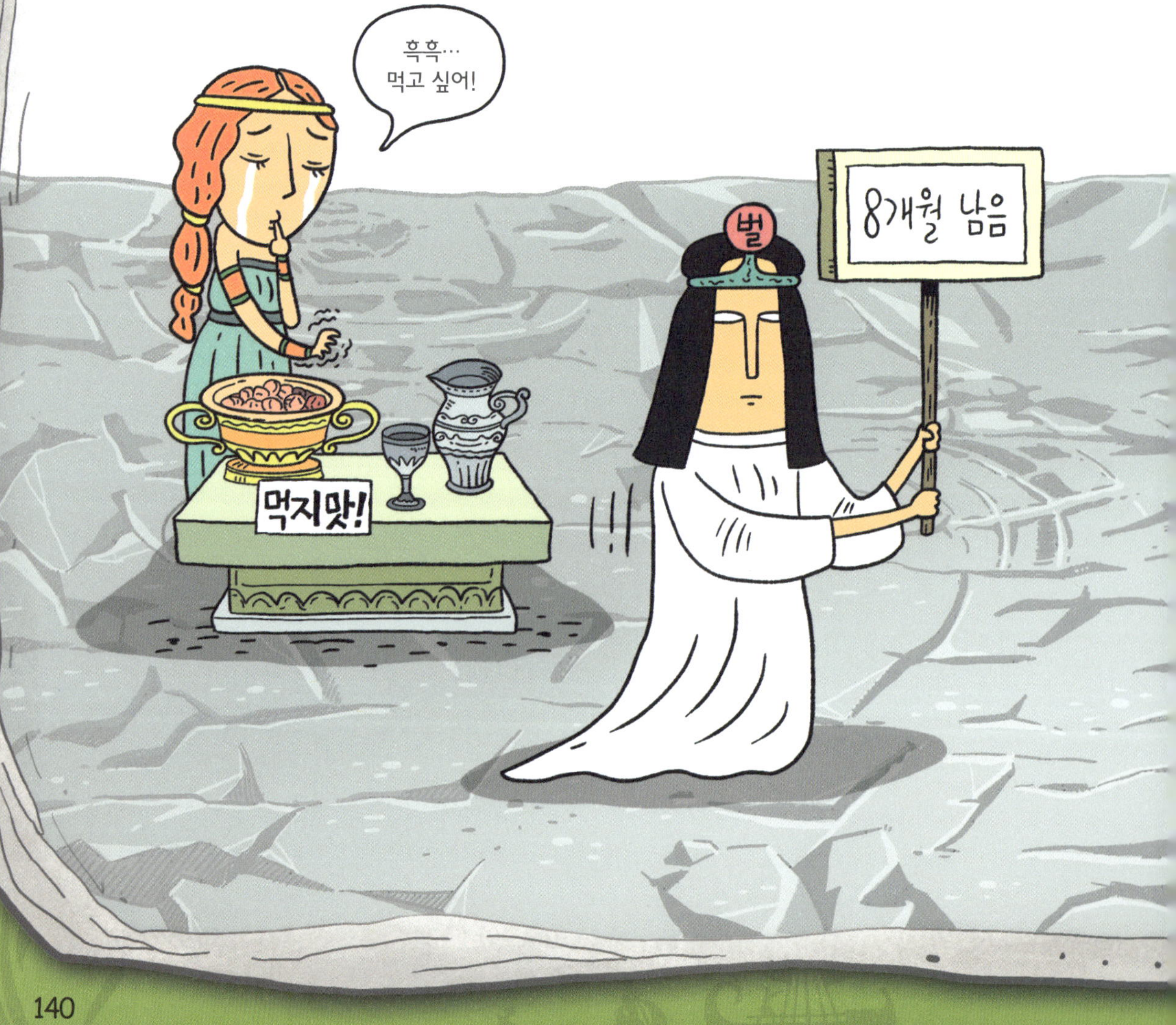

신들은 어떤 벌을 받았을까요?
1년 동안 숨을 쉬지 못하는 벌, 신의 음식인 암브로시아와 넥타르를 먹고 싶어도 참는 벌, 9년 동안 신들의 축제에 가지 못하는 벌 등 다양한 벌이 있어요.
특히 1년 동안 숨을 쉬지 못하는 벌은 사람이라면 절대 견딜 수 없을 거예요. 신이니까 가능한 일이지요. 신들은 죄를 지은 지 10년이 지나야 비로소 용서를 받을 수 있었어요. 신들도 사람처럼 벌 받는 것이 무척 두려웠어요. 그래서 되도록 죄를 짓지 않기 위해 조심하며 살았지요.

성난 바다를 지배하는 포세이돈

삼지창으로 비, 바람, 구름을 다스려요

포세이돈은 바다의 신이에요. 그는 삼지창을 꼭 들고 다녔는데, 이빨이 세 개인 물건이란 뜻으로 트리아이나라고 해요. 뾰족하게 솟은 세 개의 창은 각각 비, 바람, 구름을 뜻해요. 포세이돈은 이 삼지창으로 바위를 깨뜨리고 지진을 일으켰어요. 바다에 폭풍을 일으켜 거대한 파도를 만들어서 배를 뒤집을 때도 있었지요. 그래서 어부들은 항상 포세이돈이 무서웠어요.
그러나 포세이돈이 무섭기만 한 신은 아니에요. 포세이돈은 말을 아주 잘 다뤘어요. 그래서 그 기술을 인간에게 가르쳐 주었지요. 바다에 폭풍이 칠 때는 무섭지만 잔잔할 때는 한없이 아름다운 것처럼, 포세이돈 역시 두 가지 모습을 다 가진 신이에요.

포세이돈의 가족들

포세이돈의 궁전은 그리스 남쪽 섬 근처에 있었어요. 포세이돈은 그곳에서 암피트리테 왕비, 두 아들과 행복하게 살았어요. 암피트리테는 바다 요정 네레이데스 중 하나이자, 지혜로우며 정의로운 바다의 티탄 신 네레우스의 딸이에요. 올림포스 신 포세이돈이 티탄 신의 사위가 된 거예요.

제우스의 형제들

포세이돈의 아들 트리톤은 반은 사람, 반은 물고기예요. 트리톤은 소라고둥 불기를 좋아했어요. 그가 소라고둥을 불면 거친 파도가 잠잠해졌지요. 또 다른 아들 프로테우스는 작은 물고기와 돌고래를 잘 다뤘어요. 포세이돈은 아들들과 함께 바다 왕국에서 살아갔어요.

아내, 암피트리테

우리 가족을 소개합니다!

포세이돈이 아테나한테 졌어요

포세이돈은 그리스의 아티카라는 도시가 마음에 들었어요. 그런데 아티카를 다스리고 싶어 하는 신이 또 있었어요. 지혜와 전쟁의 여신 아테나예요.
포세이돈과 아테나는 정정당당하게 겨루어 이긴 신이 아티카를 다스리기로 했어요. 다른 신들이 나서서 둘이 겨룰 과제를 냈어요.
"아티카 시민들에게 가장 필요한 것은 무엇일까요? 선물하세요."

제우스의 형제들

포세이돈은 아티카 시민들에게 '말'을 보냈어요. 먼 거리를 가야 할 때
말이 꼭 필요하니까요. 한편 아테나는 '올리브 나무'를 주었어요.
나무 열매로 기름을 얻고 땔감도 생기니까요.
결과는 어떻게 됐을까요? 아티카 시민들은 말보다 올리브 나무를
더 좋아했어요. 그 뒤 아테나가 아티카를 다스리게 되었고,
도시 이름도 '아테네'로 바뀌었어요. 지금도 아테네라는 도시가 있어요.

페가수스가 된 메두사

메두사는 원래 얼굴이 아름다웠어요. 그 모습에 반한 포세이돈이 아테나 신전에서 메두사를 몰래 만났어요. 아테나가 그 사실을 알고 화가 나서 메두사에게 저주를 내렸어요. 그래서 얼굴이 괴물처럼 변했지요. 눈이 툭 튀어 나오고 혓바닥은 길게 늘어졌어요. 온몸은 파충류 비늘로 뒤덮였어요. 머리카락은 한 올 한 올 살아 있는 뱀이 되었고요.

하지만 아테나는 메두사를 괴물로 만든 것만으로는 화가 풀리지 않았어요. 그래서 그리스의 영웅 페르세우스에게 메두사의 목을 가져오라고 시켰어요. 결국 메두사는 페르세우스의 칼에 목이 잘리고 말았어요. 포세이돈은 메두사에게 미안한 마음이 들어 목에서 흐른 피를 모아 날개 달린 말로 만들어 주었어요. 그 말의 이름이 페가수스예요. 페가수스는 훗날 하늘의 별이 되었어요.

따스한 가정의 신, 헤스티아

그리스 인들이 가장 사랑한 여신

제우스의 누나 헤스티아는 그리스 인들이 가장 사랑하는 신이에요.
그리스 인들은 온화한 헤스티아를 어머니처럼 사랑하며 따랐어요.
헤스티아는 다른 여신들과는 조금 달랐어요. 다른 여신들은 집 안보다
밖에서 생활하기를 좋아했어요. 하지만 헤스티아는 올림포스의 집안 살림을
도맡아 했어요. 그녀는 무엇보다 가정의 화목을 중요하게 여겼지요.
헤스티아는 다른 여신처럼 곱게 꾸미거나 화려한 옷을 입지 않았어요.
집안의 궂은일을 하느라 꾸밀 시간이 없었기 때문이에요.
헤스티아는 집 안의 불과 난로를 지키는 일도 했어요. 먼 옛날
그리스에는 집집마다 난로가 있었어요. 그때는 불 피우는 게
쉽지 않아서 불이 꺼지면 큰일이었지요. 고대 그리스 인들은
불씨를 꺼뜨리면 헤스티아에게 간절히 기도를 했어요.

도와줘요~ 헤스티아!

제우스의 형제들

151

평생 결혼하지 않겠어요

많은 신들이 청순하고 수수한 헤스티아에게 반했어요. 바다의 신 포세이돈도 헤스티아에게 청혼을 했고, 태양의 신 아폴론도 사랑을 고백했어요. 두 신에게 한꺼번에 사랑을 받은 헤스티아는 무척 곤란했어요. 포세이돈과 아폴론은 서로 팽팽하게 맞섰어요. 포세이돈이 삼지창으로 비바람을 불러와 위협하자, 아폴론은 태양을 이용해 비바람을 몰아냈어요.

제우스의 형제들

한 치의 양보도 없는 싸움이었어요. 보다 못한 헤스티아가 말했어요.
"전 평생 그 누구와도 결혼하지 않고 처녀로 살겠어요."
결국 아폴론과 포세이돈은 헤스티아의 마음을 얻지 못한 채,
쓸쓸히 물러나고 말았어요. 헤스티아는 결혼하는 대신에
모두의 가정을 따뜻하고 평화롭게 지키는 여신이 되었어요.

두 분 싸우지 마세요.
전 모두의 가정을
위해 살겠어요.

헤스티아의 희생

제우스에게는 디오니소스라는 아들이 있었어요. 테베 왕국의 공주 세멜레와의 사이에서 태어난 자식이에요. 제우스는 디오니소스를 무척 사랑했어요. 그래서 올림포스의 열두 신만 앉을 수 있는 황금 의자를 꼭 주고 싶었어요. 하지만 이미 다른 신들로 꽉 채워져 디오니소스에게 내줄 자리가 없었어요.

제우스의 형제들

그러던 어느 날, 헤스티아가 제우스를 찾아와서 말했어요.
"제우스님, 제 황금 의자를 내놓겠습니다."
헤스티아가 제우스의 고민을 눈치채고 있었던 거예요. 헤스티아는 화려한 황금 의자보다 조용히 집안일을 하는 것이 더 좋았어요. 결국 헤스티아는 올림포스 열두 신의 자리에서 스스로 내려왔어요. 덕분에 디오니소스가 열두 신 중 하나가 되었어요.

155

헤스티아와 베스타

그리스 로마 신화에 나오는 신들은 굉장한 힘을 갖고 있어요. 번개나 폭풍 같은 자연 현상부터 바다와 땅을 다스리는 능력까지……. 그에 비하면 집안의 불씨를 맡은 헤스티아는 능력이 없어 보일지도 몰라요. 고작 조그만 불씨에 불과하니까요. 하지만 그리스 인들은 헤스티아를 아주 중요한 신이라고 생각했어요. 헤스티아는 고대 그리스 어로 '화덕' 또는 '화로'를 뜻해요. 화로는 집안의 중심이었기 때문에, 그녀를 가정의 수호신이라고 믿었지요.

> 내 이름 헤스티아는 그리스 어로 '화로'를 뜻해.

로마 시대에 이르자, 헤스티아를 베스타라고 부르기 시작했어요.
로마 인들 역시 베스타를 중요한 신으로 모셨어요.
나라에 좋은 일이나 나쁜 일이 생기면 베스타에게 큰 제사를 올렸지요.
베스타를 섬기는 신전에는 베스탈이라고 하는 신녀들이 있었어요.
신녀들은 제사를 올리는 신성한 여자들이에요.
어릴 때 뽑혀 평생 결혼하지 않고 처녀로 살며 신전에 있는 성화를 지켰어요.
이 성화는 나라의 안전을 지키는 것이어서, 꺼지면 큰 벌을 받았어요.

신화 놀이터

다음 그림은 아테네의 수호신 아테나를 위해 지은 파르테논 신전이에요. 파르테논 신전 벽에 있는 글자를 잘 보면, 제우스 형제들 네 명의 이름이 보일 거예요. 눈을 크게 뜨고 찾아보세요.

가	하	데	스
이	폰	토	스
아	기	간	테
포	세	이	돈
크	칼	정	데
로	리	메	아
노	테	송	공
르	티	타	네

헤라는 크로노스의 딸이자, 제우스의 아내예요.
헤라가 맡은 일은 '결혼'이에요.
결혼을 하거나 아기를 낳는 여인들을 늘 지켜 주었지요.
하지만 헤라가 사나워질 때도 있었어요. 바로 제우스가
다른 여자를 만날 때였어요. **신성한 결혼의 여신이자,
질투의 여신인 헤라의 이야기를 들어 보세요.**

신들의 왕비, 헤라

신성한 결혼의 여신

헤라의 또 다른 이름

헤라는 크로노스 왕의 딸로 태어났어요. 아버지 배 속에 갇혀서 살다가 제우스 덕분에 세상 밖으로 나왔지요. 헤라와 제우스는 원래 남매 사이였다가 부부가 되었어요. 헤라에게는 '유노'라는 또 다른 이름이 있어요. 로마 사람들이 부르던 이름이에요. 제우스에게도 '유피테르'라는 로마식 이름이 있어요.

신들의 왕비, 헤라

이처럼 그리스 신들은 저마다 로마식 이름을 가지고 있어요. 로마 문화가 그리스 문화의 영향을 받았기 때문이에요. 그리스와 로마는 다른 나라지만 같은 신을 섬겼어요. 존경하며 따르는 마음도 꼭 닮았지요.
6월★의 신부가 되면 헤라(유노)의 은총을 받아 행복하게 산다고 믿은 것도 똑같답니다.

★6월 헤라의 영어식 이름이 6월(June)이에요.

헤라가 신들의 왕비가 되었어요

헤라는 결혼의 여신이에요. 결혼을 하거나 아기를 낳는
여인들을 지켜 주는 일을 하지요. 그런데 헤라는 어떻게 결혼했을까요?
헤라는 올림포스의 여신 중에서 가장 눈에 띄었어요. 우아하고 도도한
아름다움이 넘쳐흘렀지요. 그런 헤라에게 반한 제우스가 청혼을 했어요.
헤라는 냉정하게 거절했어요. 제우스가 여자들에게 인기가 너무 많았거든요.
제우스는 포기하지 않고 기발한 생각을 해냈어요. 작은 뻐꾸기로 변신해
헤라를 찾아간 거예요.

헤라는 비에 젖어 바들바들 떠는 뻐꾸기를 꼭 안아 주었어요.
순간 뻐꾸기가 제우스로 변신했어요. 제우스는 헤라에게 왕비가 되어 달라고
졸랐어요. 그러자 헤라가 다른 여자를 만나지 않겠다고 약속하면
청혼을 받아들이겠다고 했어요. 제우스는 철석같이 맹세했고,
헤라는 신들의 왕비가 되었어요.

올림포스 왕비의 생활

최고의 여신이자 신들의 왕비가 된 헤라는 어떻게 살았을까요?

헤라는 여신 중에서도 가장 아름답고 화려한 옷을 입었어요.

가장 큰 왕관을 쓰고, 눈부신 지휘봉도 들었지요.

헤라를 나타내는 새는 공작새예요. 헤라는 공작새가 끄는

마차를 타고 인간 세상에 가끔 내려가곤 했어요.

무지개 여신 이리스, 계절의 여신 호라이,

사교의 여신 카리테스 등 많은 시녀들을 거느리고요.

가자! 인간 세상으로….

헤라에게는 자신만 아는 비밀의 샘물이 있었어요. 카나토스라는 샘인데, 이곳에서 1년에 한 번씩 목욕을 하며 아름다움을 지켰어요. 한편 헤라의 정원에는 빛나는 황금 사과가 열렸어요. 하지만 헤라가 늘 행복한 것은 아니었어요. 제우스가 한눈을 팔아서 종종 부부 싸움을 했거든요. 그런 날이면 큰 폭풍우가 휘몰아쳤고, 사람들은 벌벌 떨었답니다.

나는 질투의 여신이다

곰으로 변한 칼리스토

헤라는 질투심이 아주 강했어요. 제우스가 다른 여자를 사랑하면 그 상대에게 반드시 복수를 해야만 화난 마음이 조금이라도 풀렸지요. 어느 날, 제우스가 칼리스토에게 홀딱 반했어요. 칼리스토는 사냥의 여신 아르테미스와 함께 살던 요정이에요. 제우스는 아르테미스로 변신해 칼리스토에게 다가갔어요. 얼마 뒤, 칼리스토가 제우스의 아들 아르카스를 낳았어요. 이 사실을 안 헤라는 칼리스토를 곰으로 만들어 버렸어요.

신들의 왕비, 헤라

세월이 흘러, 아르카스가 늠름한 사냥꾼으로 자라났어요.
숲으로 사냥을 떠난 아르카스가 큰 곰 한 마리를 발견했어요. 아르카스는
곰을 향해 화살을 겨누었어요. 그때 하늘에서 큰소리가 들려왔어요.
"안 돼! 그 곰은 네 엄마 칼리스토다!"
제우스가 급히 칼리스토와 아르카스를 하늘로 올려 보냈어요.
그리하여 엄마와 아들은, 큰곰자리와 작은곰자리가 되었답니다.

불에 타 버린 세멜레

이번에는 제우스가 테베 왕국의 공주인 세멜레를 좋아했어요.

헤라는 곧 할머니로 변신해 세멜레를 찾아갔어요.

"공주님의 남편은 누구신가요?"

세멜레는 할머니가 헤라인 줄 꿈에도 모르고 말했어요.

"신들의 왕 제우스가 제 남편이에요."

헤라가 일부러 세멜레의 약을 올리며 말했어요.

"그럴 리가……. 공주님 남편이 진짜 제우스라는 증거가 있나요?"

"네? 제가 왜 할머니한테 증거를 대야 하지요?"

신들의 왕비, 헤라

세멜레는 할머니가 자기 말을 믿지 않자 화가 났어요.
그래서 제우스에게 신들의 왕만 쓸 수 있다는 투구를 보여 달라고
졸라 댔지요. 제우스가 안 된다고 하자 세멜레가 조르고 또 졸랐어요.
제우스가 할 수 없이 투구를 쓰는 순간! 엄청난 빛이 쏟아져 나왔어요.
세멜레는 헤라의 계획대로 불에 타 죽고 말았답니다.
인간은 신이 내뿜는 빛을 견딜 수 없으니까요.

섬에서 아기를 낳은 레토

레토는 티탄 여신 중 하나예요. 올림포스 신들과는 원수 사이였지요.

그런 레토가 제우스와 만나 쌍둥이를 갖게 되었어요.

헤라가 그 소식을 듣자마자 모든 신과 사람들에게 말했어요.

"레토가 아기를 낳을 때 돕거나 숨겨 주면 큰 벌을 내리겠다."

레토는 아기 낳을 곳을 찾아 떠도는 신세가 되었어요.

하지만 그 누구도 레토를 도와주지 않았어요.

신들의 왕비, 헤라

레토는 사람이 살지 않는 델로스 섬까지 가게 되었어요.
레토는 아기를 낳게 해 준다면 델로스 섬을 성스러운 곳으로
만들어 주겠다고 약속했어요. 레토는 그곳에서 쌍둥이 남매,
사냥과 달의 여신 '아르테미스'와 음악과 태양의 신 '아폴론'을 낳았어요.
그 뒤로 델로스 섬은 성스러운 곳이 되었고, 아폴론을 위한 신전도
세워졌답니다.

헤라의 골칫거리, 헤라클레스

뱀을 잡은 용감한 아기

페르세우스의 손녀 알크메네는 남편이 전쟁터에 나간 뒤, 하루 종일 남편이 그리웠어요. 그러던 어느 날, 꿈에 그리던 남편이 돌아왔어요. 하지만 그는 진짜 남편이 아니라 변신한 제우스였어요.

얼마 뒤, 제우스와 알크메네 사이에서 헤라클레스가 태어났어요. 헤라클레스는 반은 신이고, 반은 사람이었어요. '헤라클레스'라는 이름은 아버지인 제우스가 지었어요. 헤라에게 미안한 마음을 담아 '헤라의 영광'이란 뜻으로 지은 이름이에요.

신들의 왕비, 헤라

알크메네가 제우스의 아들을 낳았다는 소문은 널리 퍼졌고, 헤라의 귀에도 들어갔어요. 화가 난 헤라가 독사 두 마리를 아기 옆에 풀어 놓았어요. 그런데 놀랍게도 아기 헤라클레스가 맨손으로 독사를 잡은 거예요. 헤라클레스는 아버지 제우스를 닮아 무서운 힘을 지니고 있었어요.

헤라의 끔찍한 저주

어른이 된 헤라클레스는 테베의 공주 메가라와 결혼했어요.

그는 아들 셋을 낳아 기르며 행복하게 살았지요.

그러던 어느 날, 도둑이 들어왔어요. 헤라클레스는 도둑을 물리치려고 활을 꺼내 들었어요. 그때, 헤라의 저주가 다시 시작되었어요.

마법을 걸어 도둑 대신 아내와 아들들에게 활을 쏘게 한 거예요.

자기 손으로 가족의 목숨을 빼앗은 헤라클레스는 큰 충격에 빠졌어요.

헤라클레스의 열두 가지 과제

에우리스테우스는 헤라클레스에게 열두 가지 과제를 냈어요.

"그 모험을 무사히 끝내면 너는 영원히 죽지 않는다."

그 모험은 아무나 할 수 없는 어려운 과제였어요. 목숨을 걸어야 하는 일이었지요. 하지만 헤라클레스는 용맹한 데다 힘도 무시무시하게 셌어요. 그는 사자 가죽을 쓰고 몽둥이를 휘두르며 도전을 시작했어요.

신들의 왕비, 헤라

첫 번째 과제는 네메아에 있는 사자와의 싸움이었고,
두 번째는 괴물 물뱀인 히드라를 물리치는 것이었어요. 헤라클레스는
아마존 여왕의 허리띠 얻어 오기, 괴물 게리온의 소 데려오기,
용이 지키는 황금 사과 따기, 케리네이아의 사슴 잡기, 지옥을 지키는 개
케르베로스 데려오기 등 열두 과제를 모두 성공했어요.
헤라의 계획이 어긋나기 시작했어요.

마침내 신이 되었어요

열두 가지 과제를 모두 성공한 헤라클레스는 얼마 뒤 사람으로서 죽음을 맞이하게 되었어요. 사람이었던 어머니 알크메네에게 물려받은 헤라클레스의 육체는 사라지고, 제우스 신에게 물려받은 영혼은 살아남았지요. 헤라클레스는 올림포스로 올라가서 마침내 신이 되었어요. 이제 헤라도 헤라클레스를 인정해 주었지요. 헤라클레스는 헤라의 딸인 헤베와 결혼하게 되었답니다.

헤시오도스가 쓴 〈신들의 계보〉

옛날에 그리스 신화는 사람들의 입에서 입으로 전해지는 이야기였어요. 고대 그리스 시인인 헤시오도스는 여기저기 떠도는 신화를 차곡차곡 모아서 책으로 묶었어요. 헤시오도스가 묶은 〈신들의 계보〉는 무려 1천 줄이 넘는 엄청난 분량으로, 아주 오래된 그리스 신화를 담고 있어요. 지금까지도 아주 중요한 기록으로 남아 있지요.
이 책에는 우주의 탄생부터, 제우스가 전쟁에서 이겨 신들의 왕이 되고, 뒤이어 많은 신과 요정이 태어난 이야기가 차례대로 적혀 있어요.
신들의 족보는 매우 복잡하게 엉켜 있는데, 헤시오도스가 깔끔하게 정리해 알기 쉽게 써 놓았지요.
지금 우리가 그리스 신화를 재미있게 읽을 수 있는 것은 헤시오도스 같은 여러 사람들 덕분이에요.

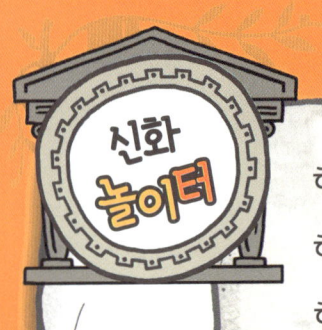

신화 놀이터

헤라클레스는 에우리스테우스가 낸 열두 가지 과제를 해결하기 위해 목숨을 걸고 도전했어요.
헤라가 해치려 한다는 사실은 꿈에도 모르고요.
다음 그림을 보고 숨은 그림 다섯 개를 찾아보세요.

 정답

▼ 46~47쪽

▼ 82~83쪽

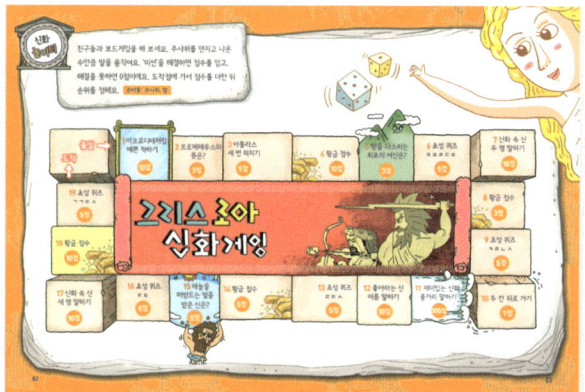

2 먼저 생각하는 자 5 가이아 6 아프로디테 9 크로노스 13 폰토스
15 아틀라스 16 티탄 19 기간테스

▼ 120~121쪽

▼ 158~159쪽

▼ 182~183쪽

**〈그림으로 보는 그리스 로마 신화〉
시리즈는 모두 5권입니다.**

1권   올림포스 시대
2권   신과 인간
3권   신들의 사랑 이야기
4권   영웅들의 모험
5권   일리아스와 오디세이아

〈그림으로 보는 세계사〉도 함께 읽어요!

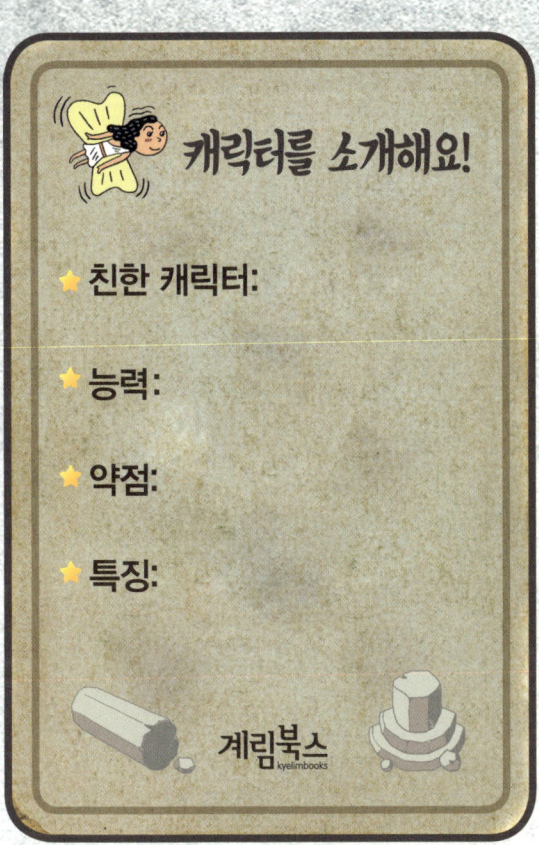

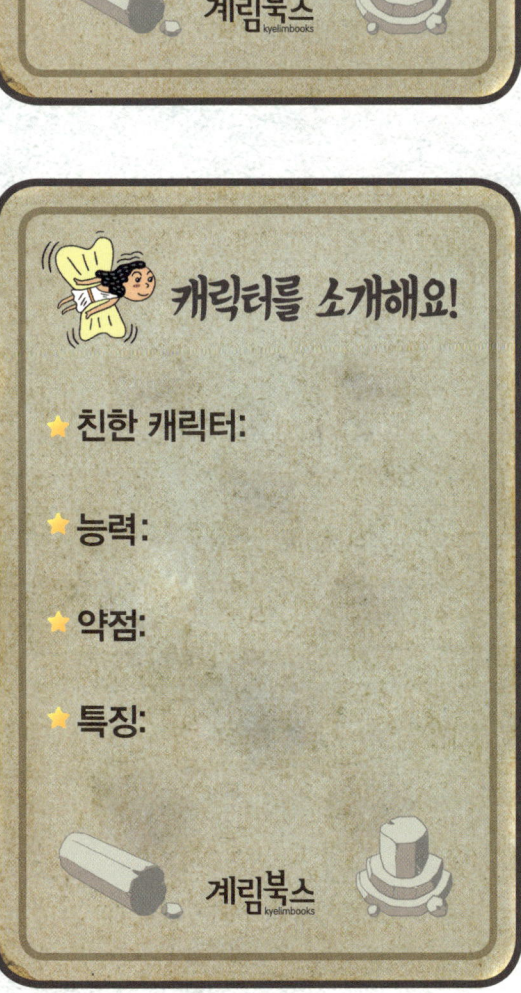

게임 방법을 다양하게 만들어 보세요.

게임 방법 II

⭐ 친구와 카드를 7장씩 나눠 가져요.

⭐ 〈그림으로 보는 그리스 로마 신화〉를 읽은 뒤, '캐릭터를 소개해요!'의 빈 칸을 써요.

⭐ 캐릭터 그림이 안 보이게 카드를 뒤집어요. 상대방에게 각자 쓴 '캐릭터를 소개해요!' 내용을 읽어 준 뒤, "어떤 캐릭터일까?" 하고 문제를 내요.

⭐ 상대방이 문제를 맞히면 카드를 주고, 못 맞히면 문제를 낸 사람이 갖고 있어요. 카드를 많이 모은 사람이 이기는 게임이에요.

그리스 신화 체험 카드

카드를 오려서 재미있는 카드 게임을 해요.

(ㅡㅡ 자르는 선)

게임 방법 I

1. 친구와 카드를 7장씩 나눠 가져요.
2. 캐릭터에게 힘을 주세요. 파란색 원에는 지력, 빨간색 원에는 체력, 노란색 원에는 마법력을 나타내는 숫자를 써요. 이때 세 힘의 합이 100을 넘으면 안 돼요. 그런 다음, 캐릭터의 전체 힘을 나타내는 별을 색칠해요.
3. 친구와 지력, 체력, 마법력, 전체 힘 중에서 무슨 대결을 할지 정해요.
4. 카드를 한 장씩 동시에 내고 누구의 숫자가 높은지 대결해요. 숫자가 큰 카드를 가진 사람이 상대방의 카드를 가져올 수 있어요.

〈그림으로 보는 그리스 로마 신화〉 ❶ 올림포스 시대

헤르메스

디오니소스

에로스

헤라클레스

〈그림으로 보는 그리스 로마 신화〉 ❶ 올림포스 시대

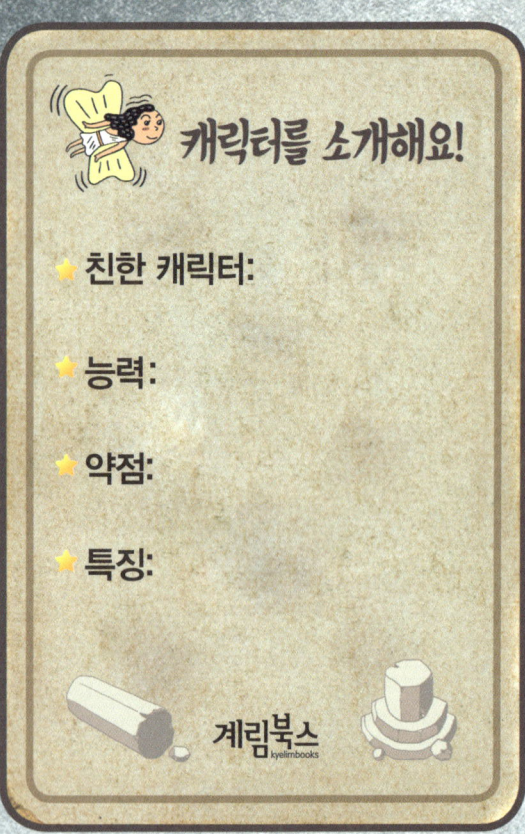

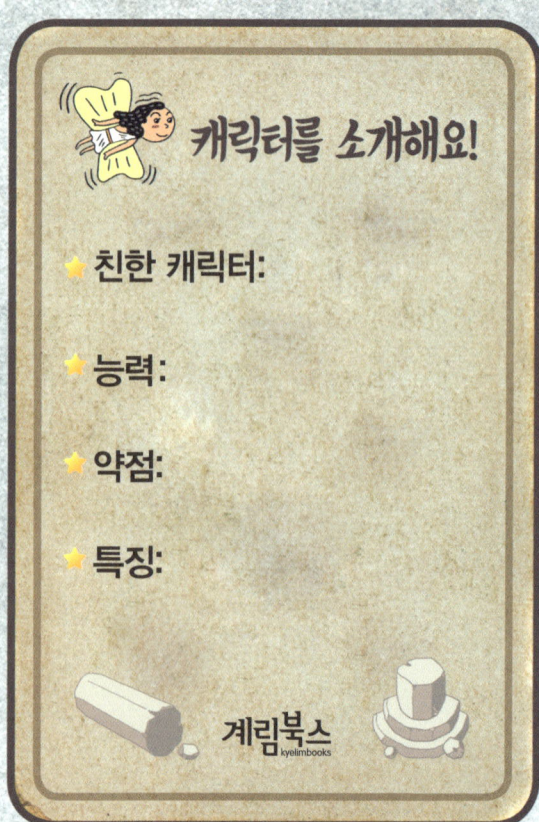

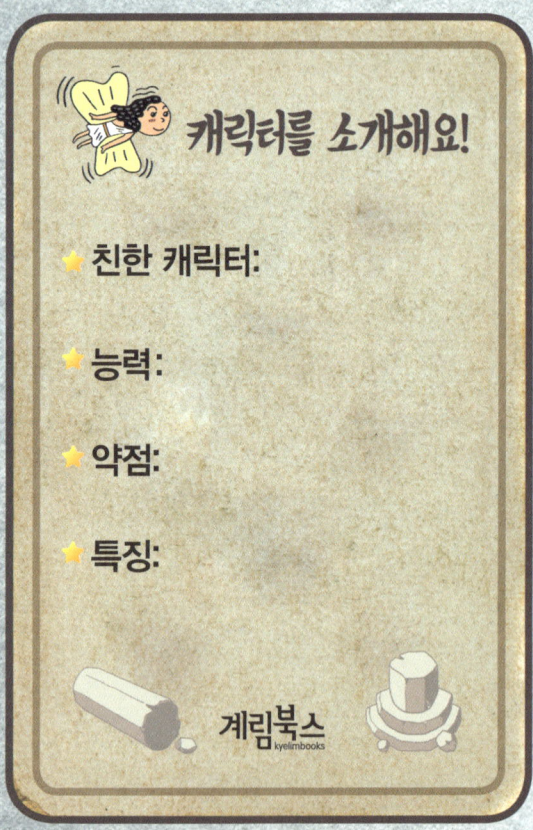

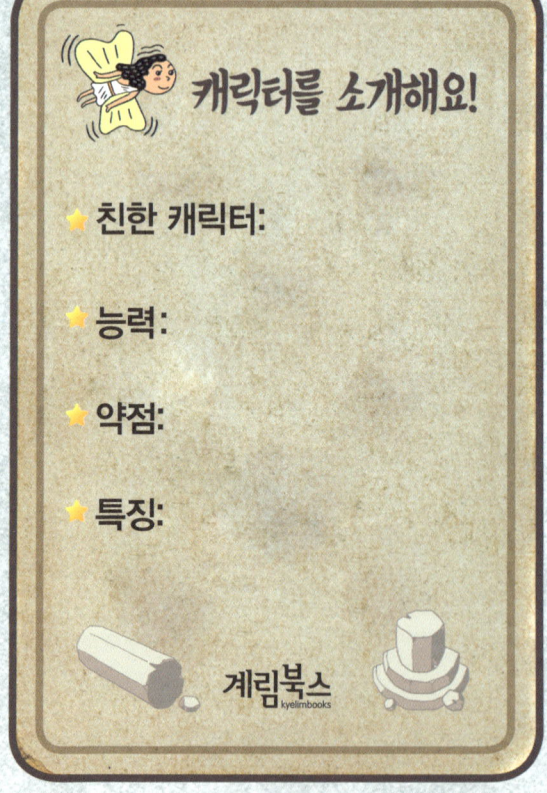

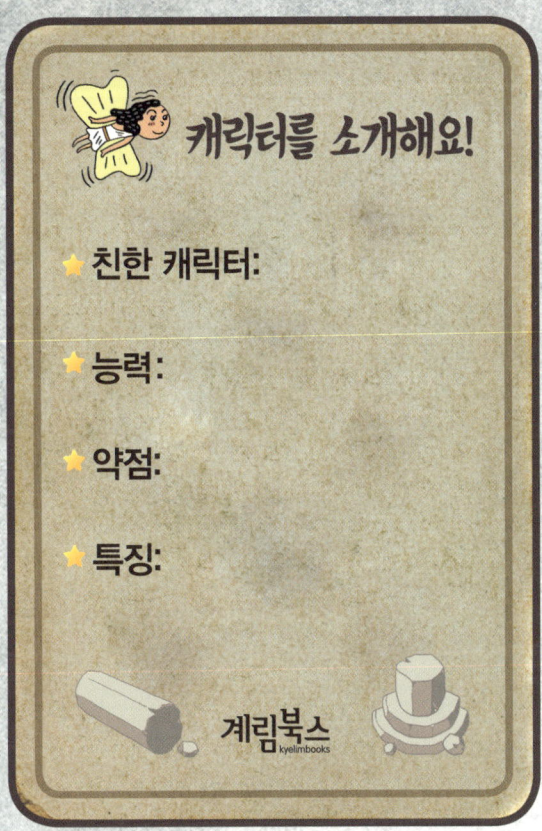
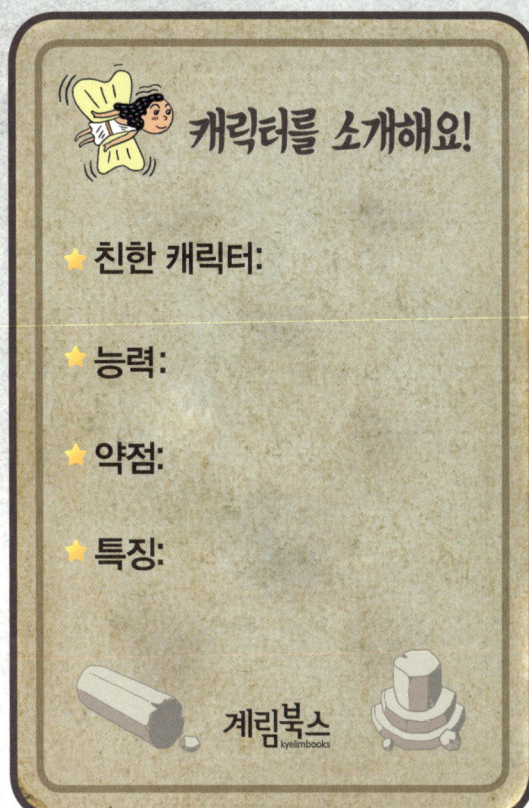
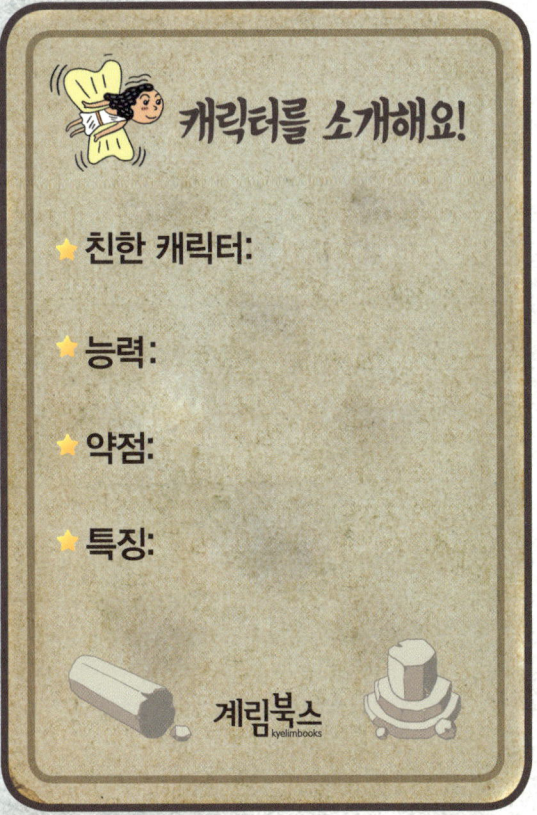
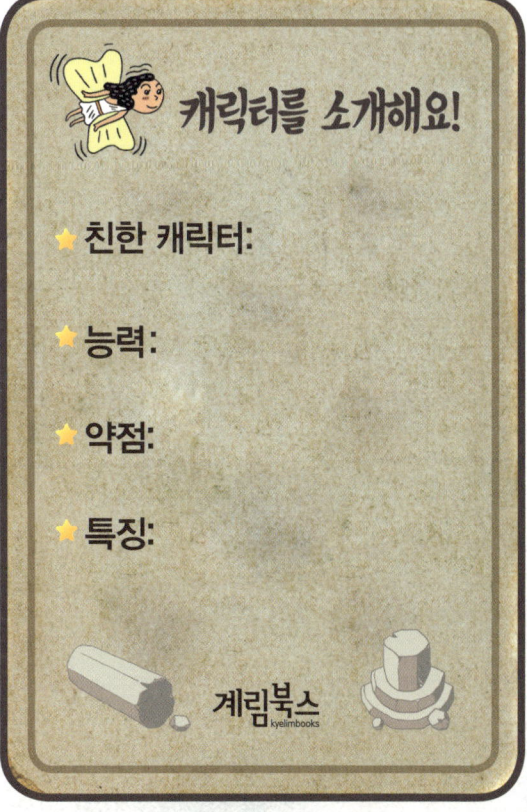

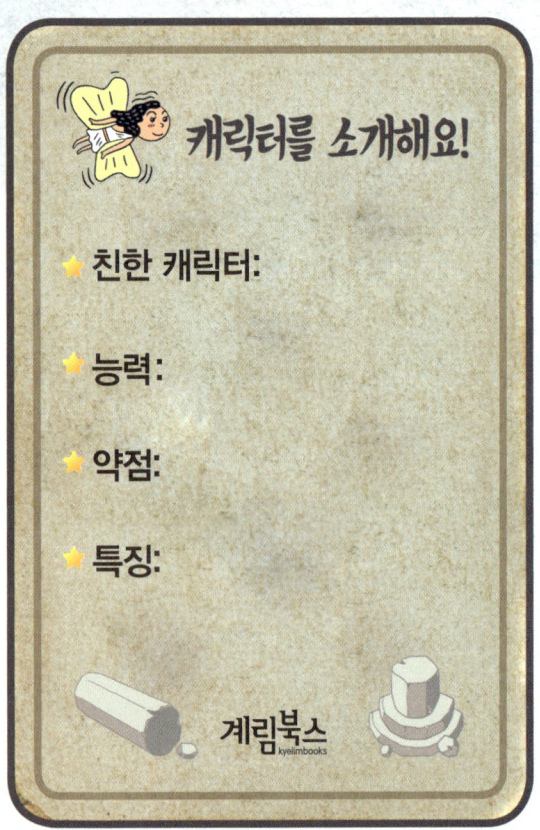
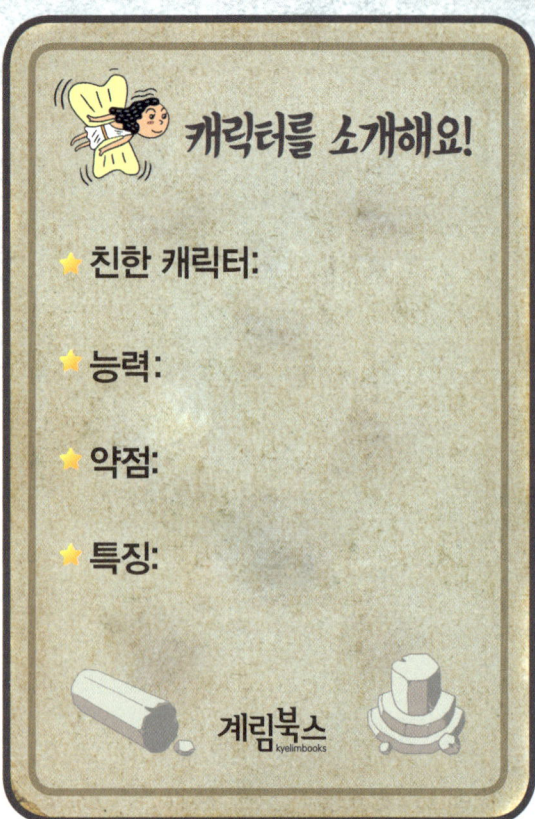
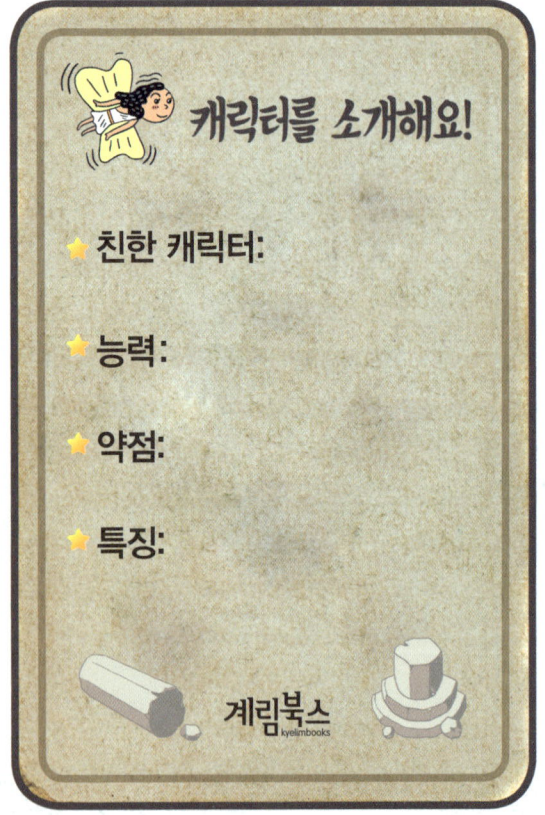
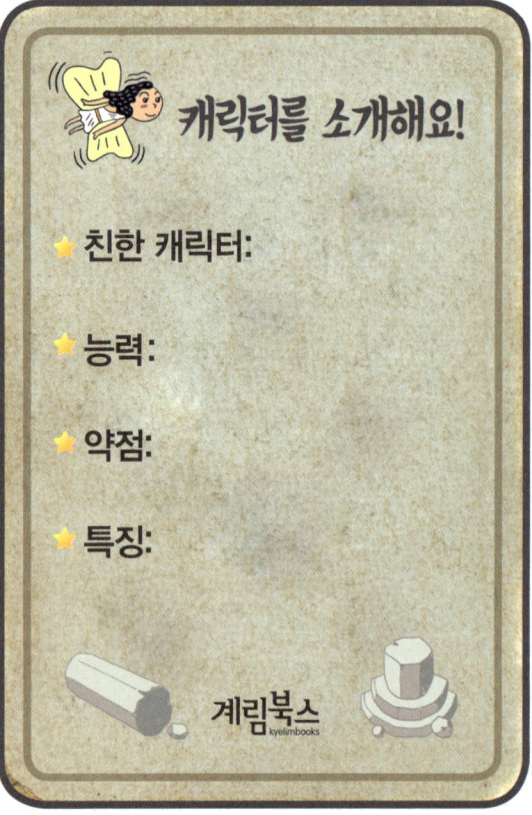